JN440220

마디의 힘

강희주 시집

문학의전당 시인선
220

마디의 힘

강희주 시집

문학의전당

시인의 말

누구나 자기가 원하는 끈을 잡기 위해

발버둥 치며 살고 있다.

나에게도 잡고 싶은

실낱같은 끈이 있어 행복하다.

가던 길을 멈추고 세 번째 서신을 띄운다.

2016년 봄을 기다리며
강희주

차례

제2부

제3부

제4부

제1부

몽돌

짬도 모르고 끝도 없이
엎어지고 뒹굴다가
깨지고 뭉그러지고
수렁에 빠져 허우적대며
견뎌낸 뜨거웠던 시간들
내가 탈골한 길로
계절이 빠르게 지나간다
보이는 것들은 다 보이지 않는 것들이 되고
새 이름표를 달고 바닷가에 누웠다
잠을 청해보는데
누군가 나를 밀치며 덮쳐온다
아직도 삶은 끝나지 않은 거야
나를 키운 건 구 할이 비바람이었다

난(蘭)

베란다에 다소곳이 앉아 있는 그대
틈만 나면 달려가 너를 매만지다 보면
너는 꼭 아내 같다

메마른 자갈밭이라 한마디 불평도 없이
늘 푸르고 곧은 자태를 뽐내다가도
한눈팔면 토라지기 일쑤지만
때맞추어 물도 주고
햇볕도 가려주고 정성으로 돌보다 보면
어느 날 향기를 머금은 화사한 미소로
살며시 다가오는 너
바라만 봐도 눈이 부시다

어떤 날에는 성깔이 보이고
어떤 날에는 은은한 기품에 눈물 난다
그래서 아내 같다
오직 햇님만을 바라보는 해바라기처럼
언제나 곧고 푸른 정절로

나를 기다려주는

너를 바라만 봐도 가슴이 뛴다

아내

냇가에 핀
한 떨기 찔레꽃이었다
열매 맺어 싹 틔우고
꽃 피우기까지
그는 한줌의 흙이었고
언덕이고 햇살이었다
세월이 곰삭아
온몸이 벌레 먹고 떡잎 져
훈장 같은 약봉지 들고
돌아온 아내
빛바랜 흑백사진처럼
아득하고 애잔하게 정겹다

벚꽃

아, 저 꽃
미친 여자의 웃음 같은
타오르는 너를 바라만 봐도 눈물이 난다
저 떨림
저 진통
너를 바라만 봐도 오르가즘을 느낀다
누가 너를 바라보다 바라보다
벚꽃이라 했을까?
긴긴 어둠의 터널을 지나온
저 몸부림
네가 타오르는데
왜 내가 눈물이 날까?

한 잔의 커피

탁자 위에 다소곳이 앉아 있는 너와 마주하면
너의 눈동자 속에 어제와 오늘이
기일에 모이는 눈빛들처럼 잠시 머물다 간다

가슴 치며 괴로워하던 아픔과
꽃잎처럼 나풀대던 첫사랑마저도
한 잔 속에 몽땅 담아놓고 기다리는
쌉쌀하고 달달한 나의 벗이여
너의 향기에 취해 내일도 모레도 달려가련다

내가 너를 즐겨 찾는 것은
아픈 과거마저도 어루만져주기 때문이고
너의 향기를 잊지 못하는 까닭은
나의 추억들이 너의 향기를 닮았기 때문이란다

거울

세상 소리 다 지운*
맑디맑은 침묵
아득한 네 앞에 서면
내면의 나를 볼 수 있어 좋다
가슴이 아득하고
막막할 때
피에로가 되어
웃고 울며
섧은 표정을 지어보지만
너는
굴절되었다가
용해되었다가
내상을 깊이 앓은 바다 같아서
늘 침묵으로
내 발길을 돌려 세우곤 한다

---

* 작가 미상의 「거울」이란 시에서 빌려옴.

개들의 꿈

나는 말한다
우리들 팔자는 주인님 맘이라고
운 좋으면 향수 뿌리고 빨간 리본에
주인 품에 안겨 까만 눈동자 굴리고
곱게 빗질한 털을 휘날리며
주인님 산책길 보디가드도 되지만

집도 절도 없어 쓰레기통을 뒤지며
흉물스런 꼴로 길거리를 떠돌다가
동네 꼬마들 돌팔매에
겁먹고 힐끔힐끔 달아나는 놈도 있고

허구한 날 좁은 쇠창살에 갇혀
돼지처럼 먹고 싸다
날씨 더워지면 끝장이다 싶어
두 눈에 쌍불 켜고 으르렁대는
성질 더러운 놈들도 있다

우리들 팔자를 쥐락펴락하는 주인님
재롱떨며 충성을 다해도
싫증나면 내다버리기 일쑤고
몸보신한답시고
나무에 매달고 두들겨 패대는 것도 모자라
온몸을 불에 끄슬러버리니 원!

만약
어느 날 지구가 정복당한다면
'귀주 이야기'처럼 인육으로 만두를 빚는
식인종이라면
우리들 팔자는 확 바뀔 텐데
식인종이 먹다 버린 뼈다귀나 가지고 놀겠지

가을

폭풍의 잔해 같은 스산한 바람이 분다
여인은 옷깃을 여민 채
낙엽선을 타고 가을 강을 건너가고 있다

참아왔던 젊은 날의 아픔들
봄부터 가을까지 묻어두었던 울음을 내지르며
울컥 토해내는 각혈
미움은 그리움이 되고
아픔도 빨갛게 익어가는 계절
그대는 정녕 세월에 매달려 떠나가려나

낙엽 지던 날의 첫 키스는 소실점이 아득하다
그 후부터 낙엽 지는 거리를 헤매던 기억이 있다
지나온 길이 아득하다 그리움도 아득하고

유월

먼 길 떠난 누이
그해 여름
자귀나무 밑에서 사랑을 나누며
자귀꽃*처럼 수줍어하던 누이

아, 미치게 그리운 날
분가루 휘날리며
어깨 위로 해가 솟아오를 때
대문을 탕탕 두드리며
성큼 앞마당에 들어서는 누이

더덕 냄새 수리취 냄새
온 동네 떠들썩 잔치 열린다

---

*꽃말: 가슴의 두근거림, 환희. 6월이면 솜사탕 같은 분홍빛 꽃을 피운다.

내 안에 또 다른 내가 있다

내 안에 숨어 있는 나의 형상은
돼지우리 앞 드럼통에 걸어다 놓은
온 동네 짬밥들이
밤새도록 유희하다 잠든 모습 같다

역겨운 냄새 흉물스런 얼굴
침잠 속에 몸을 숨긴 고요함
휘저으면 온갖 표정들이
드럼통을 훨훨 날며
본색을 드러낼 것 같은 팽팽한 긴장

마트로슈카 인형처럼
켜켜이 내 안에 숨어 있는 나 아닌 누군가가
똬리를 틀고 앉아 나를 조정하고 있다

나는 내 것이면서도
나를 잘 모른다

탄생

물안개 자욱한 호숫가
고요를 치받고 올라온 풀대에
물잠자리가 비상 준비를 하고 있다
아다지오(adagio)*의 속도

탄생이란 말은 죽음의 또 다른 말

고요에 지쳐 척척 늘어진
버드나무 가지와 풀섶에는
먹이사슬들의 파티가 열리고
탄생의 진통을 죄다 지켜본 호수는
한 호흡의 이별을 예견한 듯
가슴속 낮달 같은
침묵 한 덩이 불쑥 내민다

고독한 여행자는
이정표 없는 세상을 향해 껍질을 박차고
힘차게 날갯짓하고 있다

---

* 침착하고 느리게. 혹은 아주 느리게.

오미자

이 가을
산자락에 울컥 게운 각혈
저잣거리 삶이었나

덧없이 흘러가던
한 조각 구름처럼
바람에 할퀴고 찢긴 생

가을 햇살에
시고 쓰고 달고 맵고 짠 얼굴로
백발노인 등에 업혀
하산하고 있다

연필은 영원한 스승

산등성이에 핀 억새꽃보다
어지러운 도심 속 삶
연필은 야수의 눈을 가진 천사처럼
헤집고 다니며 갈래 길을 만든다
연필과 같이한 아득한 세월
아무도 그대 심연의 밑바닥 헤아리지 못해
현자는 숲을 가꾸는 동안
게으름뱅이 방랑자는 한 그루의 빈곤함
어두운 밤 지나고 희뿌연 아침이 밝아오면
길 위에 빛과 그림자 보이리니
분명 연필에는 나무의 유전자가 있다

수녀들의 봄나들이

벚꽃 바람나 해해대던 날
남산 팔각정 통나무의자
콧등에 돋보기안경 걸친 수녀 셋이
제비처럼 앉아서
허공에다 찌그러신 눈망울을
걸어놓았다
벚꽃일까?
낮달일까?
흘러가는 구름일까?

소나무

산비알 바위너설
모진 세월에 구부러지고 옹이 박혀
퉁그러진 소나무

비바람 눈보라 칠 때
왜!
아랫마을 그립지 않았겠나?

그립고 시린 마음 뿌리에 내려
튼실하고 청청하니
백로가 날아와 벗하자 청한다

핑퐁

작고 가볍다고 깝치지 마라
어제는 동네 아가씨였다가
오늘은 동네 할머니였다가
바람 불면 날아가는 민들레란다

강한 것은 부드럽게
부드러운 것은 강하게
곤두박질치면 받쳐주고
삐딱하게 엇나가면
강하게 응징하데 서두르지 마라

고수는 하수를 깔보지 말고
하수는 고수를 우러러는 봐도
기죽지는 마라
작은 물방울도 바위를 뚫는다

제2부

별똥별

밤하늘에 빛나던 별 하나
싸리빗질 하듯
일획을 그으며 사라진다
가슴을 찌르는 저 속도
갈등과 대립과 분노로 폭발하는
소멸의 저 속도
우리는 작은 별에 뿌려진 씨앗
다툼과 갈등으로 싹을 틔우지 못하고
술을 마시며 방황하다
분노가 쌓이고 쌓이면
아귀다툼 끝에 두 줄로 양립하기 일쑤
가슴을 찌르는 저 속도
추락하는 소멸의 저 속도
나는 안다 그리고 너는 안다
우리는 알고 있다
갈등과 대립과 분노의 종말을

아무 날의 서울역

기다리는 기차는 오지 않았다

탯줄 끊긴 광장
신호등이 바뀌자
어스름이 내린 광장에 환하게 불을 켰다
쌀밥 같은

막차를 놓친 자들이 한 바닥
지하통로에서 잠을 청한다

신호등이 바뀌자
밤새 구불구불 골목길을 빠져나온
불어터진 발들
머리맡에 놓인 자리끼리 빈병들이
몰려드는 점령군 말발굽에 항전하고 있다

오늘도 기다리는 기차는 오지 않고
기적소리마다

그리움만 내려놓고 간 광장에는
탯줄 끊긴 절망들만 걸려 있다

삼 일간의 폭우

도심 한복판 왕릉 같은 우면산
어느 별에선가 도굴꾼이 들이닥쳤다
경비대를 비웃기라도 하듯
삼 일 밤낮 파헤쳐진 왕릉
달동네 재개발공사장을 방불케 했다

남태령 고을도 당했다
진시황제 무덤처럼 토우가 발견되고
옷가지며 부장품이 어지럽다
군사들이 지키는 왕릉 입구 언저리쯤
고급승용차 한 대가
옛 고을 원님 공덕비처럼 처박혀 있고
토우를 실어 나르는 구급차 소리 요란하다

흙더미에 쓸려 무너진 집더미 속에서
자지러지게 울던 아기는 곤히 잠이 들고
창밖에는 아직도 간간이 도굴꾼들이
갈라진 아스팔트길 틈새를 어슬렁대고 있다

눈길

달리는 고속열차 창밖에는 눈발이 사선으로 휘몰아쳤다
어느새 나무들은 군락을 이뤄 눈꽃을 피워냈고
참새 떼가 날아와 쪼아보고는 눈보라 속으로 날아간다

눈꽃 군락을 지나 설산 동굴 속으로 미끄러지는 열차 안
누군가는 꿈길에서 숫눈 같은 미소를 짓고
누군가는 창가에 쌓이는 하얀 그리움에 넋 나간 듯
그러나 우리는 아무도 입을 열지 않았다

붉은 해는 어디서 돌고 있는 것인지
시간이 갈수록 어둑어둑해지는 눈발
길 잃은 산짐승 있을 듯
동굴 속에 머물던 시간의 기억들이 녹아내리면
돌아올 길을 잃을 수도 있다는 걸 눈치챘는지
긴장한 전깃줄이 설산을 팽팽하게 잡아당기고 있다

설국을 달리는 고속열차 안은 몽유도원이다

장갑

두 손을 감싸고 있노라면
올 사이사이로 따스한 피가 흐르고
온몸을 적시는 땀 내음
어느새 한 몸 되어 달아오른다

가훈이 "목숨 받쳐 손을 사수하라"래요

온몸이 발기발기 해질 때까지
공사장 행사장 더럽고 힘든 일 가리지 않고
부르면 무조건 달려갑니다

가끔은 결혼식장에 초대받아
신혼부부 차에 매달려 손사래를 치다가
웃음거리가 되기도 하지만
모두가 임무 수행중이랍니다

가문은 본시 청렴해서
청문회를 열고 뒤집어보고 까발려 봐도

하늘을 우러러 한 점 부끄럼 없는 우리는
오늘도 열심히 일하는 당신을 찾아갑니다

만남은 눈뜸이다*

야! 아름답다 지구다
여기는 아폴로 11호
만남이 쏘아 올린
아마도 여기는 달나라
물은 없고
사막에는 바위와 분화구뿐
무엇을 심어야지
농부를 데려와야겠어
서랍 속 작은 씨앗들을 챙겨
은하에서 오염되지 않은
비를 몰고 와
생명의 줄기 용솟음칠 때
또 다른 만남이
별도 띄우고 꽃도 피워
벌나비 날아들고
새들이 지저귀는
억만 년이 가도 오염되지 않는
별을 만들 거야

만남은 눈뜸이다
활활 타오르는 불꽃이다

---

*법정 스님 산문집 『맑고 향기롭게』의 「만남」에서 가져옴.

마음의 뒤란

뒤란에 놓여 있는 빈 항아리들
젊은 날 술에 젖어 호기도 부렸고
동지섣달 긴긴 밤 김장김치 끌어안고
온몸을 사시나무 떨 듯도 했지

이른 봄이면 장 담으시고
숯과 고추 엮어 금줄 두르고
아침저녁 윤기 나게 행주질 치시던
어머니의 온정 어린 손길에
밴댕이젓 멸치젓
창자가 녹아내리는 아픔도 견뎌냈다오

모두가 내 안을 스쳐간 한 줄기 바람
사랑하는 이들의 믿음 때문에
한 발짝도 나아가지 못하고
오직 외길만을 걸어온 삶

세월에 짓눌려 찾는 이 없고

꿈과 믿음의 확신마저 무너져
뒤란의 풍경이 되어버린 빈 항아리들
달빛에 아련한 실루엣만 들락거린다

겨울비

쇠잔한 파파의 눈물
암울
끝자락
쪽방 & 쌀독
날품팔이의 한숨

쇠잔한 파파의 눈물
연탄
얼룩진 돌층계
소주 & 막걸리
개 짖는 소리

쇠잔한 파파의 눈물
군고구마
포장마차 & 가락국수
크리스마스트리
부도난 사장님 심사

나무

어느 날 산에 오르다
무심코 산자락을 올려다보니
나무들은 언제부터인지
갈라지고 휘어져 등 굽은 채 뒤엉켜 있다

바람이 먹구름을 몰고 오자
나무는 술 취한 듯 취한 듯 흔들린다
바람이 멎자
아무 일도 없었다는 듯 고요하다
갈라지고 휘어지고 등 굽게 하는 것은
바람도 햇살도 아닌
제 잎들이었던 것이다

달빛에도 흔들리는 조막손으로
대가족을 키우고 먹일 수 있는 것은
이렇게 조용히 삭혀 울며
갈라지고 휘어져 등 굽는 일이었음을
나무는 까맣게 몰랐다

침(針)

어깨 아파 한의원에 갔다
탕약 냄새 쑥 냄새 나를 반기는데
한의들은 침통 들고
막힌 혈 뚫느라 정신없다

요즈음 무더운 날씨 탓에
나라 안팎으로
정신 나간 놈들이 득세라는데

바다 건너 어느 놈들은
혈이 막혀 허튼소리 해대더니
망령까지 들었단다

대한의 한의들이여
후지산 정수리에 대침을 꽂자
정신 번쩍 들게 혈을 뚫어주자
(오 오 대한민국……)

항아리

할머니는 메주 띄워 장을 담았지

어머니는 김치와 농주를 담고

마누라는 매실 청을 담았는데

훗날 후손들은 무엇을 담을까

혹, 파도에 밀려 사라질지도 몰라

태풍

어 단골손님 오셨네
아줌마 나와 봐
빨리 나와 봐
머리띠 질끈 매고 꽹과리 두들기며
고함지르는 꼴이 동학군 같애

얘야 오늘은 무슨 태풍이라던
비정규직 노동자들이래유
제미 어제는 노점상
내일은 어느 놈들이 몰려올까?
시끄러 장사해먹을 수가 있어야지
한 지붕 밑에 살면서
개와 고양이 싸우듯 하니 원

당하는 놈은
확 쓸어버리고 싶을 게야
확 뒤집어놓고 싶겠지
어두운 골목 태풍의 눈들이

내년에도 또 내년에도 몰려올 게야

(얘야 밥이나 안쳐라)

가까이 하기엔 너무나 먼 당신

봄날 주인 따라 밭에서 돌아온 복돌이
툇마루에 앉아 졸고 있는 고양이를 보자
반갑다고 꼬리를 치켜들고 달려간다
졸고 있던 고양이가
공격 신호로 일고
벌떡 일어나 발톱을 곤두세우고
앙칼지게 달려들어 공격한다
반갑다고 달려들던 복돌이
졸지에 일격을 당하고는
앞발로 얼굴을 비벼대며 킹킹거린다
고양이는 멋쩍은 듯
슬며시 자리에 돌아와 눈을 감는데
바람은 아무 일도 없었다는 듯
나뭇잎을 살랑살랑 흔들어대며 지나간다
대화하다 티격태격하는 부부처럼
코드가 달라 사인이 통하지 않는 그대는
가까이 하기엔 너무나 먼 당신

다문화가족

푸른 햇살이 너울대는 놀이터
프리즘 빠져나온 빛들이
호랑나비 떼와 뒹굴고 있다
하얀 나비 한 마리가 날아와
앉으려다 갸우뚱 갸우뚱
날개를 파닥이며 달아난다

한 시절 거센 바람이 불어와
국경은 허물어지고
하얀 나비 놀던 곳에
피카소가 그려놓은 호랑나비가
새로운 천년을 준비한다

(색깔도 향기도 잃어버린 부르주아 문화를)

세상을 밝게 하는 것들

구석에 처박혀 있는 걸레는 늘 슬프다

숨죽이며 잠이라도 청할라치면
어느 손에 이끌려
물통에 처박혀 비벼대고 비틀고 쥐어짜도
청결해지기만을 간절하게 바라기에
눈물 흘리며 바닥보다 더 낮게 엎드린다

어지럽게 찍어놓은 족적과 지문과 죽음들
살갗이 너덜너덜 찢기고 뭉개져도
나는 너를 끝내 닦아내야 한다

높은 곳에 뜬 별들이여 그대는
낮은 곳에서 제 몸을 불태워 아낌없이 주는 것들의
피로 얼룩진 동굴 속에 숨어
그들의 피로 연명하는 흡혈박쥐다

어제의 아픈 추억을 짊어지고 내일이 걸어온다

제 몸을 불태워 아낌없이 주는 것들은 위대하다
높은 곳에서
반짝이는 척하는 별들은 모두 떨어져야 한다*

*박연호의 「웅크리다」에서 빌려옴.

음악회를 연출하다

대장간 불꽃같이 살아온 그대 위해 고운 잎 깔아놓은 들녘에 음악회를 열고 싶네.

앞뜰에 낮고 젖은 실낱같은 울음들을 불러 모아 악단 만들어 고추잠자리 밀잠자리 빙글빙글 춤추게 하고, 또르르 방울벌레 피아노 반주에 귀뚜리가 폴짝 뛰어나와 그대 위해 노래하는 거야!

꽃술마다 햇살 담아 온 들을 가득 채우고 가지마다 주렁주렁 일가를 이룬 그대, 바람은 아쉬움에 끝은 있다 끝은 있다 아우르고, 풀벌레는 낮고 젖은 파란 울음을 토해내는 이 저문 밤을 밤안개가 점령하고 있다.

이제는 침묵할 시간

저무는 씨앗들의 뒤란에는 금실타래 쏟아지는 시냇물 소리, 초록 파도 위에 나비들이 한가롭다.

제3부

부부

리어카에 연탄을 가득 싣고
노부부가 비탈길을 오른다
미끄러질 듯 지그재그 끌고 밀며
기관차처럼 연신 허연 연기를 내뿜는다

저녁 밥상에 마주앉은 노부부
힘들었지유?
당신이 있어서……
지금 생각하니
우리에겐 구세주 같은 언덕길이었슈
암, 전부였지
그나저나 올겨울 모두 따뜻해야 할 텐데
당신이 있어 다행이야

그날 밤 언덕길에 함박눈이 소복하게 쌓였다

열차에 핀 효심

온양온천에서 천안을 향해 달리는 전동차에

곱게 늙으신 자그마한 할머니가 젊은 여인의 손을 꼭 잡고 다정하게 앉아 도란도란 이야기를 나눈다

자세히 보니 두 사람이 이목구비가 천안에 명물 호두과자다

모녀가 온천욕을 갔다 오는 길인가 보다

나는 맞은편 의자에 앉아 부러운 눈으로 한참을 바라보다

문득

저렇게 가냘픈 몸으로 저리 훤칠한 딸을 낳아 참 잘도 키웠구나 하는 생각을 하고 있을 때

딸이 주머니에서 사탕을 꺼내 비닐을 벗겨 어머니 입에

쏘옥 넣어준다 엄마 같다

엄마는 눈을 감는다 어느새 눈시울이 촉촉하다

쪼그라진 젖가슴에 물안개가 피어오르는가 보다

요즈음 TV에선 부모를 살해한 것도 부족해 집에다 불 질렀다는 뉴스가 종종 흘러나왔다

오늘따라 왜 자꾸 내 귓전에 맴도는지!

산다는 게 다 전동차처럼 칸칸이 이어져 달려가는 것이라고

열차는 어둠을 갈라 치며 털커덕 털커덕 달려가고 있다

삶

기다림이 쌓이고 쌓여
담장을 이루고
굽이굽이 골목길이 생겨났다
오늘도
골목길을 서성이며
너를 기다린다
또 한 켜의 담이 쌓인다
깊어만 가는 골목
나는 늘 혼자다
어느 날인가
경로당에 봉사대원 찾아오듯
비구름이 몰려와
아낌없이 몽땅 주고 간다
또 하나의
작은 마디가 생겨나겠다

노년

출근길에 삐죽 머리 디밀고 몸은 좀 괜찮으신지 약은 드셨는지 묻는
부모지만 귀찮아진 자식들 얼굴 떠올리며
허공에 초점 잃은 눈길 걸어놓고 앉아 있는 나를 두드려 본다

마당가에 매어놓은 백구처럼 목줄 길이만큼의 자유
세상을 다 얻을 것 같던 혈기도
고삐 풀린 망아지처럼 날뛰던 기상도
더 멀리 갈 수도 있었건만 거미줄 같은 전자파에 옴짝 못하고 웅크린 노년

옛 애인 이름처럼 하나님 하나님을 불러대며
뒤돌아보니 제자리를 맴돌다 오는 길
세월의 톱니바퀴에 맞물려 나의 전성시대는 강 건너 노을 속으로 사그라지고
먹다 남은 백구 밥그릇처럼 오가는 구둣발에 차이는 중심 잃은 삶
파뿌리 애인아 쪼그라진 사랑아 일어나라 꺾어진 나뭇가지

생명만큼 남은 시간
  이것마저 놓쳐버리면 안 될 것 같은 게 하나라도 있었으면 좋겠다

  계륵 같은 노년
  털 빠진 강아지 쳐다보듯 힐끗힐끗 쳐다보는 눈길 피해
  방에 처박혀 있는데 천장에 파리 한 마리 앞다리 들고 싹싹 빌어대고 있다

후회

아직은 팔다리가 멀쩡하니
노약자석을 피해 자리에 앉았다
눈을 지그시 감고 이런저런 생각을 하다
종로3가역을 지날 무렵
지나칠까 불안해 두리번거리다
내 앞좌석에 시선이 멈췄다
젊은이 옆에 날개 꺾인 새처럼
끼어 앉아 있는 노인
세월의 무게에 짓눌려
움츠러든 어깨 초점 잃은 눈동자
초초(悄悄)한 모습이다
그도 한때는 모닥불 같았으련만
말라죽을 불안이란 놈 때문에
전화를 걸고
불안해서 술을 마시고
도대체 엄두가 나지 않아
길을 헤매다
전동차를 탔을 것 같은

내리려다 차창에 비쳐지는 내가 미워
돌아서다 다시 보고 돌아서다 다시 보고
무거운 발길을 돌려야 했다

고주박*

뿌리 깊이 차곡차곡 쌓아놓은 생이 있다
이 산 저 산 뒤지며
일생을 살아온 할아버지가 있다

마당 가득 쌓아놓은 고주박 더미
투박한 손으로
정성을 다해 혼을 불어넣자
어느새 삶과 죽음이 뒤바뀐다

마른 가지에 움을 틔우고
두루미가 둥지를 튼다
다람쥐와 노루가 금방 달아날 기세다
숲속이 다시 꿈틀대기 시작한다

할아버지는 손질하던 고주박을 내려놓으며
세상 사는 게 다 웃기는 거라 하고
바람은 못 들은 척 슬며시 지나간다

---

*땅에 박힌 채 썩은 나무의 그루터기.

고물 줍는 노인

해질녘 이차선 오르막 왕복도로
종일 주워 모은 박스를 리어카에 퇴적층처럼 싣고
울퉁불퉁 거친 손과 왜소해진 몸으로
은행잎 깔린 비탈길을 비척비척 잡아끌고 있다

증기기관차처럼 씨근덕씨근덕 허연 연기를 내뿜으며

그에게도 가로등처럼 빛나던 날들이 있었건만
폭풍이 사납게 휩쓸고 간 거리에서
비틀비틀 궁상스런 모습 리어카에 의지한 채
구겨지고 떨어져나간 생의 조각들을 찾아 헤매고 있다

어느새 가로등은 하나둘 길 위에 별이 되고
지나가는 자동차들은 빨리 비켜나라고 죽고 싶냐고
빵빵대며 질주하는 초저녁
개밥바라기별들이 등불 들고 마중하고 있다

개망초꽃

여름이면 매미 울음처럼
지천으로 널려 있는 튀밥 같은 꽃

몇 해 전 암 투병 중이던 고향 친구
어릴 적 옆집 순이와 뛰놀던 아련함에
개망초꽃 널린 계곡을 헤집고 다니다
갑자기 쏟아지는 비바람을 만나
개망초 꽃밭에 쓰러져 세상을 떠났다 했다

소식 듣고 달려가니 너는
꽃밭에서 꿈을 꾸고 있는 듯 웃고 있더구나

친구여 네가 누운 꽃밭은
이 땅을 지키다 서럽게 떠난 님들이
칠흑의 어둠을 건너
까마득히 소쩍새 우는 밤이면
들과 계곡마다 이름 없는 무덤 위에
뭉클뭉클 토해내는 혼불 같은 꽃이란다

별은 스스로 빛난다

페스탈로치. 슈바이처. 세종대왕. 셰익스피어. 미켈란젤로. 헬렌 켈러. 파블로 피카소. 빈센트 반 고흐. 스피노자. 아인슈타인. 슈베르트. 프로이드 리처드 윌버. 햄릿. 쿠텐베르크. 오 헨리. 빌 게이츠. 소크라테스. 마더 테레사. 파울 첼란. 차이콥스키. 라이트 형제. 아들러. 에릭슨. 라이너 마리아 릴케. 레오나르도 다빈치. 마틴 루터 킹. 나폴레옹. 베토벤. 콜럼버스 토머스 에디슨. 보들레르. 프레데릭 쇼팽. 괴테. 모차르트. 메슬로우. 톨스토이. 제임스 와트. 제갈량. 헨리 포드. 헤밍웨이. 도스토예프스키. 칭기즈칸. 베토벤. 공자. 두보. 멘델스존. 에이브러험 링컨. 알렉산드로 푸시킨. 단테…… 별은 어두울수록 더 빛난다.

마디의 힘

오늘 하루가 저만치 가고 있군요
쓸쓸해 보입니다
제 그림자를 질질 끌며 가는군요

돌아보지 마라
후회는 게으른 자들의 변명이다
작은 마디가 된다고 슬퍼하지도 마라
아픔 없는 마디가 있다더냐
내 사랑하던 이도
삼천이백 일을 못 버티고 떠났다

백발에 손마디는 굵게 퉁그러지고
뱃가죽은 아코디언 같았으며
등 마디는 굽다 못해 삐딱하게 기울어
지팡이에 의지한 채
저무는 이승길이 눈물겨웠다

보이는 것들은 다 마디가 되어

벌써 내일을 끌어안고 있다
아 위대한 마디여
눈을 감았다 뜨니 한 세상이 저만치
또 하나의 마디가 생겨났다

크리스마스 전야

오늘 만물의 창조자이신 하나님 아버지로부터 죄 사함의 은혜를 받아 하나님 나라의 백성이 되고자 결단을 합니다.

옛사람을 벗어 버리고 거듭나 그리스도 안에서 새 생명을 얻고자 하오니 하나님의 도우심과 은총을 간구합니다. 하나님의 백성이 되는 것은 영광이나 백성으로서의 의무 또한 막중하리라 생각합니다. 자기 십자가를 지고 주님의 한 지체로서의 삶이 뒤따라야 하나님 구원의 보증과 은총이 있으리라 믿습니다. 부디 시험에 들게 하지 마옵시고 하나님의 자녀로 거듭나게 은혜 베풀어 주옵소서

세례 받으려고 몸과 마음을 정갈하게 추스르며 하나님의 자녀로 거듭난다는 생각을 하니 초등학교 다닐 때 소풍 전날 밤처럼 설레며 잠이 오질 않는다. 자정이 넘어서야 하얀 눈이 소복하게 쌓인 언덕 위에서 울려 퍼지는 새벽 종소리에 선잠을 깨던 어린 시절로 여행을 떠났다.

꿈길인지 잠결인지 깨어보니 사방은 아직도 어둠인데 창밖

에는 가로등이 하늘에서 쏟아진 별들처럼 아름답게 반짝이고 있었다. 조용히 책상에 앉아 성경에 손을 얹고 수능 시험장에 가는 학생처럼 사도신경과 주기도문을 번갈아 외우면서 떠오르는 태양을 가득 안아본다.

개울물이 말했다

길을 가다가 먼 길을 가다가
개울가에 앉아 발을 담갔다
돌 틈을 요리조리 빠져나온 개울물이
반갑다고 그들만의 몸짓과
자기들만 알아들을 수 있는 언어로 졸졸거리며
내 발목을 부둥켜안는다
옆에서 놀고 있던 어린 송사리 떼가 쪼르르 달려와
발목에 뽀뽀를 해대며 좋아라 꼬리친다

멍하니 바라보는 나에게 개울물이 말했다
우리는 같은 유전자를 가진 먼 친척이라며
자기는 일생을 떠돌며 지구청소부로 살고 있노라고
맑고 깨끗해 보이지만 핏속에는
굶주려 죽어가는 아프리카의 검은 눈물과
포탄에 쓰러진 시체더미 속에서 아들을 부여잡고 통곡하던 어머니의 붉은 각혈도
지난여름 광우병에 걸려 황망하게 끌려가던 황소들의 분노와 눈물도 섞여 있노라고

농부들의 한숨 섞인 땀방울도
공사판 인부들의 땀방울도 몇 줌 섞여 있다고

개울물이 나를 동기간 만난 듯이
반가워하는 이유를 조금은 알 것 같다
내 생명의 원천이 아주 작은 물방울이었다면
개울물과 나는 같은 유전자를 가진
그들처럼 먼 여행을 떠나는 나그네 길임을

아픔은 혹이 되다

어느 날 까치들이 옆구리에 삭정가지 끼워 넣자
미루나무는 등창 난 듯 온몸을 흔들어댔지
다락방이 완성되던 날
우리는 서로 소 닭 보듯 하였는데
너희들이 태어나며 즐겁고 행복했었단다

태양이 이글대던 어느 밤이었을 게야
갑자기 비바람이 몰아치며 천둥번개에
털복숭이 너희들이 경기로 까무러치자
어미들은 당황하여 울부짖고
나는 흔들리는 다락방을 부여잡고
하늘을 원망하며 지샌 긴긴 밤이었단다

너희들이 날갯짓하다 훌쩍 떠나던 날
텅 빈 다락방을 바라보며
너희들 생각에 잠 못 이룬 수많은 밤들
이 추운 겨울에도 다락방을 내려놓지 못하는 건
지난날의 아픔과 그리움 때문일 거야

생의 아픈 추억이
혹이 될 줄 누가 알았겠니?

미루나무는 오늘도 설국의 풍경으로 서 있다

그대 손을 잡는다면

기회는 한번뿐이다
지금도 그렇고 앞으로도 그럴 것이다
이 세상 순례는 두 번은 없다

그대 손을 잡는다면
망망대해 풍랑을 만난다 해도 두렵지 않고
캄캄한 밤길도
외롭거나 힘들지 않으리

내 곁에서 누군가
네 이름을 큰소리로 불렀을 때
내겐 마치 열린 창문으로
한 마리 새가 날아가는 것 같았다

어차피 한번뿐인 나날들
무엇 때문에 불안해하고 두려워하는가

너와 내가 몸은 서로 다를지라도

너와 내가 손잡고 같이한다면
이 세상 순례길이 두렵지도 외롭지도 않으리

천장*

죽음들이 발에 차이는 가을이다

골고다의 언덕 같다고
쓴다

서슬 퍼런 날들은 가고
핏기 잃은 사물들이 고꾸라지고

어미 찾는 송아지 울음소리가
회오리바람에 휘말린 휴지쪽처럼
허공에서 맴돌다 사라진다

마른 가지에 까마귀 울던 언덕
낙엽을 헤집고 막 깨어난 씨앗들이
기지개를 켠다

죽음들이 또 다른 먼동을 틔우고 있다

---

* 천장 : 영혼이 빠져나간 시체를 독수리에게 바치고 독수리를 통해 하늘로 오른다는 티베트의 장례의식.

제4부

여행

매섭게 춥던 날 아내와 KTX로 부산 사는 아들집 다녀오던 길. 대전역에 도착했을 때 아내가 배가 고프다기에 티셔츠 바람에 매점으로 달려가 빵을 사들고 열차에 막 오르려는 찰라 쾅 소리와 함께 문이 닫히고 말았다. 거대한 뱀장어를 잡으려다 놓친 사람처럼 멍청하게 서서 바라보는 내 모습에 매서운 겨울바람이 킥킥대며 지나간다.

다음 열차 입석권을 겨우 구입해 올라오는데 출구에서 객석을 바라보니 지루하고 따분하던 저 자리가 그렇게 편안해 보이고 부러울 수가 없다. 세상이라는 학교의 동창생들과 함께한 여행길 두 번 다시 오지 않을 이 시간이 겨울밤이면 내 가슴에 별이 되어 반짝이겠지. 티셔츠바람에 세상에서 제일 비싼 빵 3개를 들고 출구를 빠져나오면서도 마음은 시 한 수 쓸 수 있겠다는 생각에 종종걸음을 치며 서울역 승강장을 빠져나왔다.

지폐 열린 들깨

여름방학 했다고 좋아하는 두 아들 데리고 온 가족이 계곡으로 소풍을 갔다.

바위를 깎아내는 개울물 대패 소리, 매미는 목 터져라 노래 부르고 눈부시게 일어서는 푸른 손들의 갈채, 아버지는 돗자리를 깔고, 삼겹살을 준비해온 엄마는 상추를 씻으며 깻잎을 빠트렸다고 중얼댄다, 옆에 있던 두 아들 올라올 때 본 들깨 밭이 생각난 듯 슬그머니 일어섰다.

얼마 후 깻잎을 한 움큼 쥐고 헐레벌떡 달려온 두 아들, 엄마가 어디서 났느냐고 묻자 저 아래 밭 매는 아줌마한테 얻어 왔노라 했다. 온 식구가 둘러앉아 삼겹살을 구워 맛있게 먹은 두 아들 개울에서 송사리 몰고 가재 잡느라 신이 났는데. 아무 말도 않던 아버지 아들이 따온 깻잎 밭으로 내려가 들깨 가지에 천 원짜리 지폐 몇 장 꽂아놓고 돌아왔다.

산그늘이 계곡으로 마실 올 무렵 집으로 돌아오는 길 자기들이 따온 깻잎 대신 돈이 나풀대고 있는 것을 본 두 아들 부끄러워 빨개진 얼굴로 바라본 아버지의 뒷모습은 큰 나무 같아 보였다.

대치고개의 전설

전쟁이 끝난 50년대 열두 굽이 계곡 따라 칠갑산 중턱을 넘나들던 비포장도로 길 간간이 후생사업 나온 트럭이 지나가고 청양에서 공주 가는 버스가 하루 두 차례 술 취한 듯 덜컹대며 넘어가던 길, 겨울이면 매서운 바람 타고 들려오던 소문들 수십 길 계곡 아래로 차가 굴러 사람들이 죽었다는 소문이 아랫마을까지 들려오곤 했다.

그해 겨울도 손님을 가득 태운 버스가 고개를 넘다 폭설을 만나 언덕길에서 시동이 꺼졌는데 운전수와 조수가 차에서 내려 차 밑을 점검하려는 찰라 차가 갑자기 뒤로 미끄러지기 시작하자 승객들의 아우성에 당황한 두 사람 길가 돌을 주워 바퀴를 고이려 했으나 꽁꽁 얼어붙어 떨어지질 않아 운전수가 몸을 날려 온몸으로 바퀴를 끌어안자 절벽을 향해 미끄러져 내리던 버스가 덜컹하며 멈춰 섰다, 손님들이 문을 박차고 우르르 몰려나오는데 하얀 눈 위엔 선홍색 피가 낭자하고 더운 피비린내가 코를 찔렀다.

온몸으로 차를 세우고 바퀴 밑에 널브러져 있는 운전수를 본

순간 손님들은 입 벌린 채 굳어버린 동태처럼 넋이 나가고, 속절없이 내리는 눈은 계곡 아래로 처박혀버린 많은 영혼들을 잠재우고 있었다. 그 후 한 많은 대치고개는 아랫마을 사람들의 입을 통해 한티고개라 불리기 시작하였고, 지금은 터널이 뚫려 전설이 되어버린 한티고개 아스팔트로 포장된 삶아놓은 국숫가락 같은 고갯길은 칠갑산장을 올라가는 관광도로가 되어 몸살을 앓고 있었다.

쌀을 푸며

이른 아침 마누라가 불러댄다
쌀이 떨어졌으니
창고에 가서 쌀 좀 갖다 달란다
눈 비비며 비틀비틀
쌀통을 들고 창고에 내려가
시골 큰 형님이 보내준 쌀부대에서
쌀을 퍼 담으며 문득
갈라진 논바닥이 보이고
갑자기 폭우가 쏟아지자
벼들이 아우성치자
농부들의 한숨 소리 부대에 가득하다
큰형님의 땀방울을 퍼 담으며
한 톨이라도 흘릴세라 조심스럽다
산다는 것은
누군가의 피와 살을 나누는 것이라고
아침 햇살이 정답게 미소를 보낸다

연천 방앗간에서

몹시 춥던 어느 날 아내와 연천댁 따라 기차 타고 참기름 짜러 갔다. 허름한 방앗간 연탄난로 가에 이야기꽃이 환하다. 입담 좋은 아주머니 왈 우리 옆집 새댁 남편 어느 날 퇴근길에 도토리를 한 자루 메고 와서 올해는 도토리 풍년이라 부대원들이 주워 모은 것이라며 묵 쑤어 부대 회식한다고 방앗간에 가 빻아다 짜놓으라 하고 출근했는데 도토리묵 쑤는 것을 한 번도 본 적 없는 새댁 낮에 귀동냥한 대로 도토리가루를 부대에 담아 세탁기에 넣고 빨래 짜듯 짜낸 무거리를 한 소쿠리 건져놓고 남편 오기만 기다리는데 퇴근한 남편 이를 보고 하 기가 막혀 넋 나간 듯 멍청하게 서 있더란다. 녹말은 하수구에 죄다 흘려버리고 무거리만 남겨놓았으니 추운 날씨에 막힌 하수구 뚫느라 새댁 남편 고생 좀 했겠다며 대골대골 웃어댄다. 아내는 들기름 짜러 또 올 거라며 즐거워하고 갈 길은 아득한데 해는 서산에 걸쳐 있다.

호수와 코스모스

그대가 부르시어 호숫가에 갔더니
은빛 너울 속에
수국(水國)의 가을이 익느라
하얀 연기가 뭉클뭉클 솟아오릅니다

수심을 알 길 없는 고추잠자리
하늘대는 코스모스 꽃잎에 앉으려다
첨벙 물방아 찧고
유리구슬 같은 눈을 휘번득이며 달아납니다

여덟 개 꽃살에
그리움 짙게 물들이고
미풍에도 흔들린다 흉보지 마세요
그대를 향한 작은 몸부림이랍니다

그리움으로 이 가을
오래 깨어 그림을 그리고 긴 편지를 쓰며
푸석해지는 수국의 길을

흔들리며, 흔들거리며

마냥 헤맬 것입니다

호수의 이력서

마을 아래 댐을 막는다는 발표가 있자
주민들은 술렁이기 시작했다
"아-아 알립니다.
아침식사가 끝난 후 한 분도 빠짐없이
전원 마을회관 앞으로 모이시기 바랍니다."
회관 마당 느티나무에 매달아놓은 스피커에서
절박한 이장 목소리가 흘러나왔다
누대에 걸쳐 일궈놓은 전답이며
살점 같은 집안 살림살이
송두리째 수장된다는 절망감에
마을 주민들은 꽹과리 치고 북 치고
목이 터져라 결사반대를 외쳐대며
군청으로 면사무소로 성난 소떼처럼 치닫던
그해의 긴 여름
스피커 매달렸던 느티나무의 당당함도
목이 터져라 외쳐대던 함성도 사라지고
이웃들이 서럽게 헤어지던
마을 어귀에는

먼 길 떠나는 청둥오리 떼가
호수를 빙빙 돌며 이별의 편지를 쓰고 있다

인왕산

날마다 해넘이 시각이면
산 그림자는 아랫마을까지 내려와 사진을 찍어가곤 했다
삶과 역사가 숨 쉬는 종로 뒷골목 장식품처럼 자리 잡고 앉은 포장마차
따끈한 오뎅 국물이 행인을 유혹하는 사이
가파르게 한 해가 치닫고 있었다
새해를 여는 보신각 종소리가 울리자
어둠을 뒤흔드는 함성의 물결
얼어붙은 밤하늘이 쩍쩍 금이 가고
인왕산은 대문을 활짝 열고 새날을 맞이한다
저로 말씀드리자면
무학대사와 정도전이 조석으로 드나들며 주산으로 모시려던 몸이올시다
남들은 진경산수화의 명문가라 합디다만
백악* 형님 옆에 있어 더욱 자유롭고 책임질 일도 없으니
성곽 쌓던 팔도 후예들이 아침저녁 찾아와 외롭지는 않소만
가슴 한구석 장자로 태어나지 못한 노여움 있어
씨근덕거리며 뒤척이는 긴긴 밤이랍니다

---

*북악산의 옛 이름.

동으로 창문을 내며

아침에 눈을 뜨면
떠오르는 그대를 가슴에 안고
구름들의 갈채를 받으며
아내와 밭에 나가
삽으로 이랑을 만들고
호미로 풀을 매며
긴 여행에서 돌아오는
어린 싹들에게 귀엣말로
별과 바람과 그대 이야기를 속삭이며
나비 소식도 전하고
밤이면 개구리 울음소리 벗 삼아
달님도 마중하라 일러주겠소
친구여 옥수수 익걸랑
찾아와 함께 드셨으면 합니나
해질녘이면 강가에 나란히 앉아
새들의 노래는 공으로 들으면서
먼 길 떠나는 길손들 배웅하며
내일을 마중했으면 합니다

봄이 오는 길목

언젠가 지나가본 듯한 골목 어귀
먼 길 돌아왔을 할아버지
담 밑에서 지구를 빙글빙글 돌리고 있다
지구는 돌아가고
씨앗들은 비명을 질러댄다
온몸이 바싹바싹 오그라드는 아픔
해를 돌리고 낮달을 돌리고
죽음을 돌려도
창밖은 아직도 캄캄하고
어서 빨리 시간이나 지나가라고
햇살을 다잡으며 계절을 재촉해대도
무심한 지구는 돌기만 하고
할아버지는 깡통 위에 앉아 꾸벅꾸벅
어릴 적 가재 잡던 순이와 만나는 사이
지구는 처녀 가슴처럼 부풀어 오르고
아지랑이가 고물고물 기어 나온다
화들짝 놀랜 할아버지 분화구를 열어 제치자
씨앗들이 뛰쳐나와 온 동네를 점령한다

봄마다 열리는 뺑튀기 축제는
몇 백 년째 열려도 끝날 줄을 모른다

민주주의를 신봉하다

햇살이 따사로워
암탉이 민들레꽃 같은 새끼들을 데리고
돌담 밑으로 나들이 나오는 오후
할아버지가 마당가에 사과나무를 심는다

할아버지는 나무 한 그루를 심는데도
늘 가족을 배려하고 의견을 존중하며
다수의 의견에 따르신다
그래서 온 가족이 할아버지를 존경하고
집안은 늘 화목했다

벚꽃이 튀밥처럼 널린
사금이 많이 난다는 강 건너 모래마을
당리당략 때문이라 치자
남의 의견 무시하고 자기주장만 앞세워
서로 헐뜯고 치받으며 추태부리는
거룩한 모습 찍힌 일간지가 집집마다 배달되자
존경하는 아버지 어머니는 오간 데 없고

강 건너 모래마을은

지금도 불화 중이라 했다

기러기의 여로

오늘의 커튼을 열면
어제의 아쉬움을 깔아놓은
구름 여울목을 건너

한 무리의 기러기가 날아간다
흩어져 대형을 바꿀 때도
서두르거나 거스르는 일도
샛길로 새는 법도 없이
요란하지 않은 부드러운 날갯짓
ㄴ자로 날다가
V자로 대형을 바꾸며
바람을 가르고
구름 타는 법을 연습한다

한번 맺은 언약은
짝이 죽어도 변심하지 않고
끝까지 가족을 살핀다는 기러기
끼룩끼룩 먼 길 떠나는 그날까지

오직 연습…… 연습……
훨훨 날아라 날개를 쳐라
구름 여울목 지나면
꿈의 동산 시베리아란다

탐라 도깨비

1

바다가 열리던 날 심해에 자리 잡았다
바다 위 석양과 별들은 어둠을 황홀하게 수놓고
아름다운 빛줄기는 곧고 장엄한 기둥과 현란한 벽을 만들었어
그곳은 어둠의 나라 환상의 궁궐이었지
어느 날 불기둥이 용트림하며 구름 속으로 솟구치던 날
우리는 뿔뿔이 흩어져 어둠을 헤매는 한 마리 반딧불처럼
인간들 눈 속으로 숨어들었지
불기둥이 멈추던 날
넘실대는 파도와 벌거벗은 아가씨들이 모래밭에 뒹굴고
고향집 돌담길을 광주리 이고 가는 어머니 모습도 보였어
이런 걸 전화위복이라 하나, 횡재를 했지

2

제주시 노형동 서귀포 횡단도로 아스팔트 길
길가에 세워놓은 자동차가 저절로 언덕을 오르자
인간들은 도깨비가 나타났다고 야단 떨기 시작했어
제 눈 속에 도깨비가 살고 있는 것도 모르고 헛소문을 낸 거야

저기 탐라국 중앙에 도깨비 대왕님이 앉아 있는데도

인간들은 헛소문내고 남 헐뜯고 흉보고 노략질에 공짜 좋아하고 남 잘되는 건 눈뜨고 못 보거든

허긴 인간들도 우리 피가 섞여 있으니 재주부리고 장난치고 싶겠지

그러니 하루에도 몇 천 명씩 몰려와 법석 떠는 거 아니겠어

3

우리 전생에 살던 장엄하고 현란하던 궁궐

벌거벗은 궁녀들에 둘러싸여 유일한 일은

진흙 빚는 일과 술래잡기와 요술방망이 휘두르는 일

안 되는 일도 되는 일도 없는 즐거운 하루하루였지

귀는 뚫려가지고

허황된 삶을 꾸는 인간들 일확천금을 노리는 놈들 도깨비를 늘 그리워하거든

고통스런 비밀을 깊숙이 파고들고 싶어 하는 놈들 엣-다 도깨비방망이 맛이나 봐라

먹감나무 반닫이

시골집 건넛방에 주인 잃은 반닫이가 놓여 있다
돌아가신 어머니가 시집올 때 가지고 온 장이다
세월이 스치고 지나간 흔적은 역력하지만
두 개의 문짝을 장식한 먹감나무 무늬는 선명하다

마당가에 삼대를 버텨온 먹감나무
제 몸에 또 하나의 나이테를 긋기 위한 일념으로
이 봄도 새싹을 틔워내고 있다
갈라지고 부러진 가지마다 스며드는
모진 비바람과 눈보라에 가슴은 숯가마처럼 타들어가도
불평이나 원망은커녕 맹렬히 싹을 틔워내고 있다

삼대를 버텨온 먹감나무 지금은 수몰되어 사라졌지만
누군가의 반닫이로 환생해설랑
우리 곁에 맛깔스런 그리움으로 오라
참을 인(忍) 세 번이면 살인도 면할 수 있다는
부모들의 간절함으로
시집가는 딸에게 만들어주던 먹감나무 반닫이

해설

방랑자, 지난날을 회상하고 내일을 꿈꾼다

이승하 시인·중앙대 교수

내게 시를 가르쳐주신 스승 구상 시인은 시(詩)가 언어로써 절을 짓는 행위라고 하셨다. 言+寺의 뜻을 곰곰이 생각해보면 시사에 길이 남을 훌륭한 시가 이룩하는 세계는 언어의 도량이기에 영원하고도 절대적인 것이다. 그래서 구상 선생님이 자주 말씀하신 뭇 생명체에 대한 '우주적 연민'이 없이는 좋은 시의 절을 짓기가 어렵다. 또 한 분의 은사님인 서정주 시인은 좋은 시는 머리로만 써도 안 되고 가슴으로만 써도 안 된다고 하셨다. 머리로 쓴 시, 즉 지나치게 이지적인 시는 관념 편향의 철학적인 시를 가리키는 것일 터, 딱딱하기가 돌 같아서 '뜻'은 있지만 '멋'은 없다는 것이다. 한편 가슴으로 쓴 시는 낭만적 경향이 농후한 전통서정시를 가리키는 것인데, 충분히 이해도 되고 공감도 되지만 긴장감이 풀어져 있어서 수필이나 소설의 일부 같다고 하셨다. 시로서의 품위나 품격을 지니려면 지성과 감성을 겸비해야 하고, 그것이 시에 함께 구현되어야 한다는 가르침이 30년 세월이 지난 지금도 잊히지 않는다.

강희주 시인의 제3시집 원고뭉치를 받았다. 제2시집을 읽은 지 5년 만이다. 지난 5년 동안 시인의 몸은 세월의 변화를 수용, 흰머리가 더 늘었을 것이다. 시도 5년 전보다 더욱 안정적이고 연륜의 깊이가 확실히 느껴진다. 혹, 이번 시집이 생애 마지막 시집이 될지도 모른다는 생각에 심혈을 기울여 한 편 한 편 썼던 것이 아닐까.

> 짬도 모르고 끝도 없이
> 엎어지고 뒹굴다가
> 깨지고 뭉그러지고
> 수렁에 빠져 허우적거리며
> 견뎌낸 뜨거웠던 시간들
> 내가 탈골한 길로
> 계절이 빠르게 지나간다
>
> —「몽돌」 앞부분

경남 거제시에 위치한 몽돌해수욕장에 가보면 해변을 동글동글하고 새까만 몽돌이 가득 채우고 있어서 자연에 대해 경외감을 느끼게 된다. 수많은 몽돌이 들려주는 것은 무엇일까. 바로 시간의 무서운 힘이다. 몽돌들은 어마어마한 시간을 그 자리에서 뒹굴며 파도와 비바람에 둥글게 되었을 테니 그 견딤의 시간이 시인은 경이로웠을 것이다. 그런데 한편 생각하면 시인 자신의 인생도 그다지 순탄하지만은 않았다. "엎어지고 뒹굴다가/깨지고 뭉그러지고/수렁에 빠져 허우적거리며/견뎌낸 뜨거웠던 시간들"은 몽돌의 시간이라기보다는 시인 자신의 시간이었다. 지난 70년 세월을 돌이켜보니 흔히 말하는 '산전수전'을 다 겪었다. 어떤 때는 나락으로 떨어졌었고 어떤 때는 승승장구하여 떵떵거려 보기도 했었다. 그런데 지금은?

보이는 것들은 다 보이지 않는 것들이 되고
새 이름표를 달고 바닷가에 누웠다
잠을 청해보는데
누군가 나를 밀치며 덮쳐온다
나를 키운 건 구 할이 비바람이었다

—「몽돌」 뒷부분

인간만사 새옹지마라고 했던가. 부침은 항다반사지만 생로병사의 수레바퀴를 벗어날 수 있는 사람은 없다. 친구들도 앞서거니 뒤서거니 사라지고 시인 또한 때가 되면 영면에 들게 될 것이다. 생의 종착역을 향해 가면서 생각하느니, "나를 키운 건 구 할이 비바람이었다". 서정주의 「자화상」의 한 구절을 패러

디한 결구는 자서전으로 쓴 시의 결말이기도 하다. 아래 시도 비슷한 내용이다.

어느 날 산에 오르다
무심코 산자락을 올려다보니
나무들은 언제부터인지
갈라지고 휘어져 등 굽은 채 뒤엉켜 있다

…(중략)…

달빛에도 흔들리는 조막손으로
대가족을 키우고 먹일 수 있는 것은
이렇게 조용히 삭혀 울며
갈라지고 휘어져 등 굽는 일이었음을
나무는 까맣게 몰랐다

—「나무」 부분

이 시에서 나무는 가장(家長)의 객관적 상관물이다. 이파리를 붙이고 살아가다 가을이 깊어지면 낙엽이 되어 이별하는 나무와 이파리의 관계가 그러하듯 '가족'은 분가와 사별을 전제로 하여 한 지붕 아래서 살아간다. 그 상간에 "나무들은 언제부터인지/갈라지고 휘어져 등 굽은 채 뒤엉켜 있"다. 부부가, 부모자식이, 형제가 나무처럼 갈라지고 휘어져 등 굽은 채 뒤엉켜 있는 것이다. 특히 아내라는 존재는 미운 정 고운 정 함께 들면서 해로(偕老)해 간다. 이번 시집에는 아내에게 바치는 노래가 많다. 긴 세월을 함께했기에 '우주적 연민'의 대상이 된 것이다.

냇가에 핀
한 떨기 찔레꽃이었다
열매 맺어 싹 틔우고
꽃 피우기까지
그는 한줌의 흙이었고
언덕이고 햇살이었다
세월이 곰삭아
온몸이 벌레 먹고 떡잎 져
훈장 같은 약봉지 들고
돌아온 아내
빛바랜 흑백사진처럼
아득하고 애잔하게 정겹다

—「아내」 전문

아내는 한 떨기 찔레꽃이고 남편은 그 꽃을 피워낸 한줌의 흙이고 언덕이고 햇살이었다. 그런데 세월이 흘러 아내가 "온몸이 벌레 먹고 떡잎 져/훈장 같은 약봉지 들고" 돌아왔으니 이 아니 서러운 일인가. 시인 자신이 늙는 것은 아무렇지도 않다. 아내가 늙어가는 모습을 보는 것이 어느새 빛바랜 흑백사진처럼 아득하고, 애잔하게 정겨운 일이 되었다. 베란다에서 키우는 난을 보고도 "늘 푸르고 곧은 자태를 뽐내다가도/한눈팔면 토라지기 일쑤지만/때맞추어 물도 주고/햇볕도 가려주고 정성으로 돌보다보면/마침내 향기를 머금은 화사한 미소로 살며시 다가오는 그녀"라고 생각한다. "바라만 봐도 눈이 부시"고, "어떤 날에는 은은한 기품에 눈물 난다"고 한다. 그래서 난이 아내 같다는 것이다. 시인의 눈에 들어온 다른 부부의 모습도 정답다.

리어카에 연탄을 가득 싣고
노부부가 비탈길을 오른다
미끄러질 듯 지그재그 끌고 밀며
기관차처럼 연신 허연 연기를 내뿜는다

저녁 밥상에 마주앉은 노부부
힘들었지유?
당신이 있었기에……
지금 생각하니
우리에겐 구세주 같은 언덕길이었슈
암, 전부였지
그나저나 올겨울 모두 따뜻해야 할 텐데
당신이 있어 다행이야

그날 밤 언덕길에 함박눈이 소복하게 쌓였다

—「부부」 전문

연탄을 배달하는 노부부 이야기다. 이 시를 통해 독자가 느낄 수 있는 것은 부부지간의 깊은 정, 그들의 긍정적인 인생관, 시인의 밝은 세계관 등일 것이다. 그래서 이 시 한 편을 읽고 나서는 이 세상이 각박하지만은 않다고 느끼고 안도의 한숨을 내쉬게 될 것이다. 물론 연세 높은 분들의 세상살이가 이들 부부의 대화 내용처럼 밝기만 한 것은 아니다. "해질녘 이차선 오르막 왕복도로/종일 주워 모은 박스를 리어카에 퇴적층처럼 싣고/울퉁불퉁 거친 손과 왜소해진 몸으로/은행잎 깔린 비탈길을 비척비척 잡아끌고 있"는 '고물 줍는 노인'을 보고, "지나가는 자동차들은 빨리 비켜나라고 죽고 싶냐고/빵빵대며 질주하는" 것이 각박한 현실이다.

마당가에 매어놓은 백구처럼 금지된 자유
세상을 다 얻을 것 같은 혈기도
고삐 풀린 망아지처럼 날뛰던 기상도
더 멀리 갈 수도 있었건만 거미줄 같은 전자파에 옴짝 못하고 웅크린 노년

…(중략)…

계륵 같은 노년

털 빠진 강아지 쳐다보듯 힐끗힐끗 쳐다보는 눈길 피해
방에 처박혀 있는데 천장에 파리 한 마리 앞다리 들고 싹
싹 빌어대고 있다

—「노년」 부분

오늘날 독거노인도 많고 이들 가운데 고독사하는 경우도 비일비재하다. 며느리와 자식의 눈치를 보며 살아가는 노인도 많다. 한때는 혈기왕성한 청춘이었지만 지금은 그 어떤 자취도 남아 있지 않다. 그저 "힐끗힐끗 쳐다보는 눈길 피해/방에 처박혀 있는" 딱한 신세가 되고 말았다. 이렇게 아들과 며느리와 손자 눈치를 보다가 요양병원에 가서 생의 종반부를 보내야 하는 것이 대다수 노인의 운명일 것이다. 돈이 없으면 더군다나 신세가 더욱 딱하게 된다. 시인 자신도 동년배 친구들을 보면서 이런 시를 쓰게 되었을 것이다. 국가가 노인 문제에 대해 더욱 관심을 가져야 하는데, 아직 복지국가의 수준에 이르려면 멀었다는 인식이 이 시를 쓰게 했으리라.

젊은이 옆에 날개 꺾인 새처럼
끼어 앉아 있는 노인
세월의 무게에 짓눌려
움츠러든 어깨 초점 잃은 눈동자
초초(悄悄)한 모습이다

—「후회」 부분

노인은 "말라죽을 불안이란 놈 때문에/전화를 걸고/불안해서 술을 마시게" 되었을 것이다. 그 노인의 불안은 어디서 기인한 것일까? 늙음이, 역할 부재가, 빈 호주머니가, 소원한 가족관계가 불안의 원인이지 않을까. 하지만 지난날을 후회해봤자 아무 소용이 없다. 평균수명이 길어지고 있으므로 노인의 불안과 고독은 우리 사회의 심각한 문제가 될 것이 틀림없다. 시인의 관심사는 몇몇 이웃으로부터 사회현실로 확대된다.

> 멍하니 바라보는 나에게 개울물이 말했다
> 우리는 같은 유전자를 가진 먼 친척이라며
> 자기는 일생을 떠돌며 지구청소부로 살고 있노라고
> 맑고 깨끗해 보이지만 핏속에는
> 굶주려 죽어가는 아프리카의 검은 눈물과
> 포탄에 쓰러진 시체더미 속에서 아들을 부여잡고 통곡하던 어머니의 붉은 각혈도
> 지난여름 광우병에 걸려 황망하게 끌려가던 황소들의 분노와 눈물도 섞여 있노라고
> 농부들의 한숨 섞인 땀방울도
> 공사판 인부들의 땀방울도 몇 줌 섞여 있다고
>
> —「개울물이 말했다」 부분

시인의 소망은 개울물처럼 맑게 사는 것이지만 세계 곳곳에서 기아와 전쟁으로 수많은 사람들이 죽어가고 있다. 이 땅에서

도 광우병에 걸린 황소들을 집단 폐사시킨 비극적인 일이 있었다. 피와 살이 썩은 침출수는 결국 개울로 강으로 바다로 흘러들어갔을 것이다. 이런 사회현실에 분노하지 않는다면 방관자인 것을. 시인은 적극적으로 사회참여의 선봉에 나선 것은 아니지만 최소한 관심을 갖고 괴로워하면서 보다 나은 내일을 모색한다.

남태령 왕릉도 당했다
진시황제 무덤처럼 토우가 발견되고
옷가지며 부장품이 어지럽다
군사들이 지키는 왕릉 입구 언저리쯤
고급승용차 한 대가
옛 고을 원님 공덕비처럼 처박혀 있고
토우를 실어 나르는 구급차 소리 요란하다

―「삼 일간의 폭우」 부분

이 시는 사흘 동안의 폭우로 경기도 우면산 일대에 산사태가 나 인명 피해가 있었던 어느 해 여름의 상황을 다루고 있다. 대체로 우리나라의 재난은 자연재해라기보다는 인재에 가깝다. 적절히 대비를 했더라면 대형 참사는 막을 수 있는데 안전 불감증이 많은 사람의 목숨을 빼앗아간다. 시인의 현실인식과 참여정신이 간과하지 않은 우면산 참사다. 어느 때는 사진첩을 펼쳐

놓고 지난날을 회상하며 시를 쓰기도 한다.

할머니는 메주 띄워 장을 담았지

어머니는 김치와 농주(農酒)를 담고

마누라는 매실 청을 담았는데

훗날 후손들은 무엇을 담을까

혹, 파도에 밀려 사라질지도 몰라

—「항아리」 전문

항아리에 메주도 담고 김치와 농주도 담고 매실 청도 담았는데 훗날 후손들은 이 모든 것을 백화점 식품부에 가서 사먹을 것이다. 세월의 파도에 밀려 항아리도 사라지고 메주도 매실 청도 사라진다는 것은 달리 말하면 인간적인 정과 모성과 정성이 사라진다는 뜻일 터, 시인은 이런 것들이 못내 아쉬운가 보다. 그리움의 대상은 "시집가는 딸에게 만들어주던 벅감나무 빈닫이"도 있고 "오늘도 설국의 풍경으로 서 있는" 미루나무도 있고 "마당 가득 쌓아놓은 고주박 더미"도 있다. 멀리 시집간 누이를 그리워하는 시도 있다.

먼 길 떠난 누이
그해 여름
자귀나무 밑에서 사랑을 나누며
자귀꽃처럼 수줍어하던

아, 미치게 그리운 날
분가루 날리며
어깨 위로 해가 뜰 때
대문을 탕탕 두드리며
성큼 앞마당에 들어서는 누이

더덕 냄새 수리취 냄새
온 동네 떠들썩하게 잔치 열렸다

—「유월」 전문

누이의 귀가를 반기는 이유를 말하고 있지는 않지만 아무래도 혼인잔치가 아닌가 여겨진다. 이런 추억담도 시집의 곳곳에서 전개되고 있지만 유년 시절의 풍경화는 시,「내 마음의 뒤란」을 보아야 한다.

뒤란에 놓여 있는 빈 항아리들
젊은 날 술에 젖어 호기도 부렸고
동지섣달 긴긴 밤 김치 끌어안고

온몸을 사시나무 떨 듯도 했지

이른 봄이면 장 담으시고
숯과 고추 엮어 금줄 두르고
아침저녁 윤기 나게 행주질 치시던
어머니의 온정 어린 손길에
밴댕이젓 멸치젓
창자가 녹아내리는 아픔도 견뎌냈다오

—「내 마음의 뒤란」 전반부

이 시에도 항아리가 나오는 것으로 보아 시인의 추억의 근저에 자리 잡고 있는, 성장기 때의 추억 속에는 항아리가 나와야 한다. 어머니가 아침저녁으로 윤기 나게 행주질을 하던 항아리에는 술, 김치, 간장, 밴댕이젓, 멸치젓 같은 것이 담겨 있었다. 그런데 지금은 그 항아리들이 비어 있다.

모두가 내 안을 스쳐 간 한 줄기 바람
사랑하는 이들의 믿음 때문에
한 발짝도 나아가지 못하고
오직 외길만을 걸어온 삶

세월에 짓눌려 찾는 이 없고
꿈과 믿음의 확신마저 무너져

뒤란의 풍경이 되어버린 빈 항아리들
달빛에 아련한 실루엣만 들락거린다

—「내 마음의 뒤란」 후반부

화자는 성인이 된 후 모험의 길을 떠날 수도 있었지만 어머니의 사랑을 뿌리칠 수 없어 일탈하지 않고 지구 궤도를 따라 도는 달의 행로를 따랐나 보다. 그런데 화자 자신, 세월이 많이 흐른 지금에 와서 보니 꿈과 믿음의 확신이 무너져 뒤란의 빈 항아리 같다는 생각이 든다. 그래서 "달빛에 아련한 실루엣만 들락거린다"고 한 것이 아닐까. 이 시를 보니 로버트 프루스트의 시 「가지 않은 길」 마지막 연이 생각난다.

훗날에 나는 어디에선가
한숨을 쉬면서 이야기할 것입니다.
숲 속에 두 갈래 길이 있었다고
나는 사람들이 적게 간 길을 택하였다고
그리고 그것 때문에 모든 것이 달라졌다고.

지난날을 돌이켜볼 때 자랑스럽기만 한 사람이 몇이나 될까. 다 회한에 잠기게 될 것이다. 그때 무엇을 할 것을. 어디에 갈 것을. 다른 일을 할 것을. 그래서 강희주 씨는 잘되던 사업체를 정리하고 뒤늦게 수능시험 공부를 해 명지대 사회복지학과에 들어가 졸업했고 건국대 경영대학원을 졸업했던 것이리라. 학사와 석사가 그의 최종 목표는 아니었을 것이다. 창의적이고도 창조적인 일을 '시 쓰기'라고 생각한 그는 중앙대 예술대학원 문예창작전문가과정에 들어가 다년간 시를 쓰고 고치고 퇴고하고 버린다.

산등성이에 핀 억새꽃보다
어지러운 도심 속 삶
연필은 야수의 눈을 가진 천사처럼
헤집고 다니며 갈래 길을 만든다
연필과 같이한 아득한 세월
아무도 그대 심연의 밑바닥 헤아리지 못해
현자는 숲을 가꾸는 동안
게으름뱅이 방랑자 한 그루의 빈곤함
어두운 밤 지나고 희뿌연 아침이 밝아오면
길 위에 빛과 그림자 보이리니
분명 연필에는 나무의 유전자가 있다

—「연필은 영원한 스승」 전문

연필이 상징하는 것은 시다. 사물의 이면을 들춰보고 거울의 뒷면을 투시하는 이가 시인이다. 시인은 연필을 들고 "산등성이에 핀 억새꽃보다/어지러운 도심 속 삶"에서 시를 쓰는 동안 밤을 홀딱 새운다— "어두운 밤 지나고 희뿌연 아침이 밝아오면

/길 위에 빛과 그림자 보이리니". 현자는 숲을 가꾸겠지만 "게으름뱅이 방랑자"인 시인은 "야수의 눈을 가진 천사처럼/헤집고 다니며 갈래 길을 만든다". 나무의 유전자를 지닌 연필을 들고 강희주 씨는 이와 같이 인생의 후반부를 시인으로 살아가고 있다. 이번 시집이 생의 마지막 시집이 되지 않을 것으로 믿는다. 아직도 이웃에게, 이 세상 사람들에게 하고 싶은 이야기가 많고 많음을 해설자는 알고 있다. 이번 시집을 전환점으로 삼아 더욱 큰 시인으로 도약하기를 바랄 뿐이다.

이 도서의 국립중앙도서관 출판시도서목록(CIP)은 서지정보유통지원시스템 홈페이지(http://seoji.nl.go.kr)와 국가자료공동목록시스템(http://www.nl.go.kr/kolisnet)에서 이용하실 수 있습니다.(CIP제어번호: CIP2016000641)

문학의전당 시인선 220

마디의 힘

초판 1쇄 인쇄 2016년 1월 11일
초판 1쇄 발행 2016년 1월 18일
지은이 강희주
펴낸이 고영
책임편집 이현호
디자인 헤이존
펴낸곳 문학의전당
출판등록 제311-2012-000043호
주소 서울시 은평구 연서로11길 7-5 401호
편집실 서울시 마포구 마포대로 127, 413호(공덕동, 풍림VIP빌딩)
전화 02-852-1977
팩스 02-852-1978
블로그 http://blog.naver.com/mhjd2003
전자우편 sbpoem@naver.com

ISBN 979-11-5896-239-5 03810

생각을 그리다

문화가 되다

부산의 만화

생각을 그리다
문화가 되다
부산의 만화

생각을 그리다 문화가 되다

부산의 만화

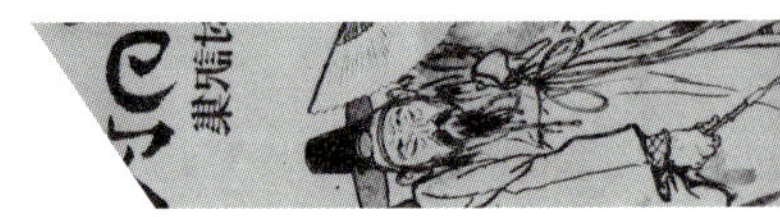

만화는 문화다

- 홍동식 (부경대학교 시각디자인학과 교수)

부산에 많은 만화가가 활동하고 있다는 것은 부산의 문화 저변확대를 위해서 고무적인 현상이다. 본서를 집필하기 위해 편집위원들이 많은 부산의 만화가를 찾아 그에 맞는 부산의 만화 역사와 만화가 열전을 연구하며 완성도를 높여 나가는 모습이 나에겐 참 신기하게 보였다.

나는 아티스트를 자칭하는 시각디자인을 전공한 디자이너이다. 공교롭게도 나는 만화를 어릴 적 철이 들며(아마 초등학교 5학년경) 멀리하게 되었다. 그 이유는 디자인전공자로서 창의력과 작품성을 특히 중요하게 생각하는 나는 만화를 보면 만화에 묘사된 시각언어들이 하나의 사고로 고정되어 더 이상의 상상력이 저해된다고 믿게 되었다. 그러한 생각은 좀처럼 바뀌지 않으며 심지어는 TV 드라마마저 외면하며 드라마에 빠진 사람들과 드라마에 대한 얘기를 나누는 것마저도 우스웠고, 드라마 스토리의 클리셰(반복적이며 진부한 표현)한 허구성을 저급한 예술의 장르라고도 생각하게 되었다.

나의 마지막 만화방에서의 만화의 흥미는 독고탁이 주인공이 되는 이상무 만화가의 작품들이었다. 그중에 78년에 나온 '비둘기 합창'은 충분히 나의 감성을 자극하며 가장 기억에 남는 그림으로는 까까머리 독고탁이 도망가거나 뛰어갈 때 다리가 보이지 않고 둥근 회전원들로 표현된 창의성에 경의를 표하였다. 대부분의 만화 속 캐릭터들은 일반적으로 주인공만 얼굴이 잘생기고 이름도 멋있는 반면, 조연급은 주인공보다 모자란 외모와 특징 없는 이름을 지니게 된다. 독고탁 만화에서는 이러한 일반성에 반기를 들었다. 독고탁은, 말하자면 역발상의 결과였다. "주인공의 머리를 빡빡 밀어서 개성을 강하게 표현했지요. 이름을 정할 때도 '성(姓)을 두 자로 하면 안 되나?'라는 생각이 들어서 두 글자 성 가운데 가장 센 발음이 나는 것을 택했고, '탁'이라는 이름도 동적인 맛을 적절하게 주기 위해 정하게 되었죠."라는 이상무 만화가의 인터뷰가 가장 멋있었다고 기억하고 있다. 만화방에서 탈출한 그 후로 나는 디자인이 내 인생의 대부분을 차지하게 되면서 예술의 번영과 발전은 15세기 이탈리아의 르네상스 운동과 20세기 초 유럽 전역에서 일어난 아방가르드(전위예술)만이 최고의 예술이라고 믿고 경배하게 되었다.

2014년 겨울, 부산과 부경대학교를 빛낸 졸업생을 찾아 인터뷰하고 부경저널에 실는 기사를 모색하기 위해 최고의 인물을 찾다가 결정된 인물은 마일로였다. 부산의 정서를 너무 잘 표현한 웹툰 작가 마일로를 추운 겨울 서울의 쉐라톤 호텔 로비에서 만난 적이 있다. 마일로의 '여탕보고서'는 그때 네이버 웹툰 조회수 기준 수요일 2위, 금요일 4위를 유지하는 인기 웹툰 작가이다. 마일로는 부경대 패션디자인학과를 졸업하고 패션디자이너가 되지 않고 무작정 서울로 상경하여 웹툰을 그려보니 적성에 잘 맞아 본격적으로 웹툰 작가가 되었다고 한다. 마일로가 학교 다닐 때 같은 디자인학부지만 나와 전공이 달라 나의 강의를 들은 적은 없지만 낯설지 않은 인상이었다. 그리고 인터뷰의 내용 중 상상보다 많은 인기 웹툰 작가의 수입 또한 매우 놀랐다.

인터뷰 후에 서울에서 내려오는 KTX 열차 속에서 '여탕보고서'를 모두 보고 만화는 훌륭한 문화라는 것을 어릴 적 독고탁 만화를 즐기던 만화방 탈출 후 새삼 느끼게 되었다.

본서에는 부산에서 활동하고 부산의 만화를 알리는 내용으로 구성되어 있다. '쥐돌이'를 펴낸 만화가 고우영, 한국의 데즈카 오사무(철인 아톰의 아버지)인 코주부 김용환, '신의 아들'을 히트시킨 박봉성, 시사만화계의 풍운아 박재동, '어리벙 씨'로 서민을 웃기고 울린 안기태, 그리고 부산의 만화사들로 구성되어 부산에서의 만화 이야기를 천천히 들려주고 있다. 대한민국의 병신년은 너무 많은 사건과 힘든 일들로 빨리 과거로 묻혔으면 하는 바람이다. 오늘도 나의 스마트 폰에서는 각 신문사와 언론매체에서 보여주는 시사만화로 현실의 참담함을 이렇게도 잘 묘사했을까를 감탄하게 하며 나의 오른쪽 검지를 이리저리 휘젓고 있는 만화 같은 내 모습을 발견한다.

총론. 부산만화 100주년에 거는 기대

안기태 | 시사만화가

생각을 그리다 문화가 되다
부산의 만화

1909년 6월 2일 대한협회 기관지인 대한민보 창간호 1면에 이도영 화백이 그린 한국신문 최초의 시사만화(삽화)가 실린 것을 기념해 2009년 6월 2일부터 국립현대미술관에서 한국만화 100주년 행사가 열렸다.

1996년 미국에서도 미국만화 100주년 행사가 있었다. 1896년 2월 16일 뉴욕월드지에 펠트 아웃코트의 <옐로 키트>가 실렸는데 이를 기념한 것이다. 뉴욕월드지 사장은 퓰리처상 제정자로 유명한 조셉 퓰리처. 이날 거국적인 행사에 당시 클린턴 대통령이 참석하여 직접 축사를 했다.

우리 부산의 만화 100주년은 언제쯤 될까? 역시 신문지면에서 그 역사의 뿌리를 찾아봐야겠다.

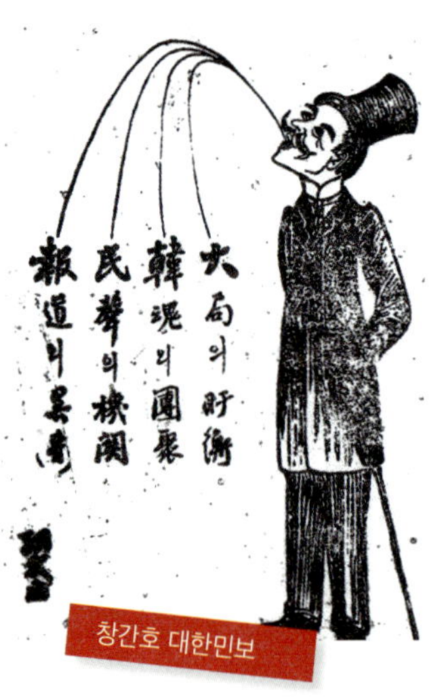

창간호 대한민보

1948년 2월 20일 부산일보에 <尹첨지>라는 4칸 만화가 등장한다. 지금 국내 신문에 연재 중인 미국만화 <블론디>에서 힌트를 얻은 것인지는 모르겠지만 아이디어 내는 사람 따로 있고 만화 그리는 작가가 따로 있었다. <案·양인선>, <畵·박성채>로 시작하는 이 만화는 그림체로 봐서는 만화전문가가 그린 것 같지 않고 회사소속 도안사가 그린 것으로 짐작된다.재미가 별로였던지 첫날엔 1면에 실렸다가 두 번째는 2면에, 그리고 3월 30일 단명으로 끝난다. 2년 뒤 1950년 1월 1일 산업신문(국제신문 전신)에 김일소 작가가 그린 <허풍선> 4칸 만화가 등장한다.

□48년 2월 20일자 첫 4프레임 연재만화인 <尹첨지>.

윤첨지

김일소(본명·김한성) 작가는 1916년 경남 합천 출생으로 일본 동경예술대학 문예학과를 졸업하고 귀국, 산업신문에 기자로 언론계에 첫 발을 내디딘다. 제호가 바뀐 국제신보에 계속 연재하면서 1953년에 부산일보에 <벽창호>를 연재하기도 하였다. 현역 만화가로서는 최초로 실무 편집국장도 맡았으며 주필도 역임했다. 1958년 국제신문사를 떠날 때까지 시사만평, 어린이만화 <고추장군>, 글과 만화로 풍자한 <만화만문>, 일요만화, 4칸 만화 <엉터리>, 사회만평 <시시비비>, 연재만화 <주대포> 등을 종횡무진 그렸고 부산의 잡지에

「허풍선」 연재(50. 1. 1)

허풍선

도 연재하였으며 이후 민주신보, 대구의 영남일보, 매일신문에도 만화를 그렸다. 1962년 상경하여 출판사 삼중당 주간, 한국아동만화윤리위원회 초대회장을 맡아 활동 중, 1963년 47세의 젊은 나이로 노상에서 쓰러져 타계하였다. 당시 중앙에서 활동하던 웅초 김규택(1906년생. 경남), 코주부 김용환(1912년생. 경남김해)과 함께 한국 현대만화 발전에 크게 기여한 3인방 중의 한 사람이다.

국제신문지면에서 활동했던 작가들의 면면을 연대별로 보면 김일소(1950년), 안의섭(1957년), 남철기(1958년), 김영순(1959년), 김경언(1959년), 박용치(1961년), 오원석(1961년), 백신현(1963년), 이홍우(1964년), 신삼기(1965년), 주정이(1966년), 김성환(1967년), 월트디즈니(1967년), 박인성(1969년), 안기태(1973년), 이용명(1980년), 안기태(1990년), 서상균(2003년) 등이다.

김영순 작가는 4칸 만화 <노샤포>와 6년간 시사희평을 연재하였으며 오원석 작가는 부산사람으로 서울에서 경향신문, 신아일보, 충청일보에서 연재하였으며 특히 아동만화로 인기가 있었다.

이홍우 작가는 상경하여 중도일보, 전남일보, 충청일보에서 연재하다가 동아일보로 옮겨 <나대로선생>을 연재하면서 전국적인 인기를 끌었으며 신삼기(신옥진) 작가는 아동만화를 그렸는데 이후 부산 공간 화랑을 운영하며 부산 미술발전에 크게 기여하고 있고 주정이 작가 역시 아동만화를 연재하였으나 판화가로 전공을 바꿔 부산 판화계의 거목이 되었다.

박인성 작가는 서울에서 활동하다가 부산으로 이주해 신문사에 근무하면서 작가 생활을 했던 최초의 서울사람이다.

안기태 작가 정년퇴직 후 서상균 작가가 국제만평을 이어받아 호평리에 연재하다가 2014년 사측의 요구로 갑자기 만평을 중단했다.

1973년부터 4칸 만화<피라미>와 만평을 안기태 작가가 연재한다. 유신정권과 전두환 신군부정권 아래에서 가장 파란만장한 만화작가 생활을 하였고 국제신문과 부산일보에서 30년간 최장수 기록을 세우기도 했다. 1979년 <YH여공> 사건을 다룬 만평 때문에 목이 달아날 뻔했다가 당시 이형기 편집국장의 주선으로 만평게재를 하지 않고 만화만 그리는 것으로 타협을 보았다.

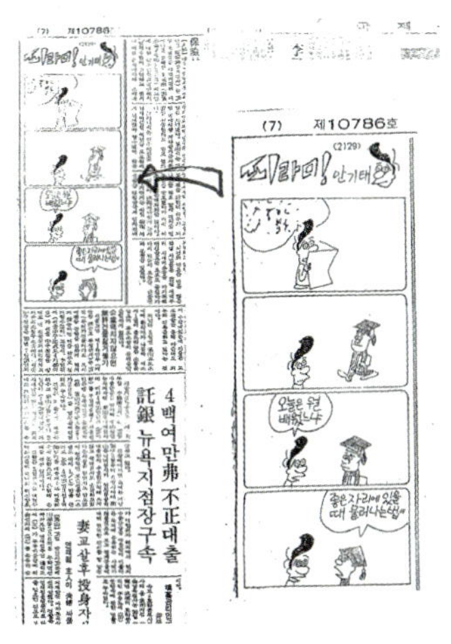

신군부 계엄령하에서 만화 내용 변

경을 요구하는 군부 언론검열단에 만화를 게재하지 않고 빼기도 하고 만화 인쇄용 동판을 긁어서 언론검열, 탄압을 심하게 받는다는 것을 독자에게 간접적으로 알리는 등 신군부의 눈 밖에 났다가 1980년 8월 언론정화라는 미명 아래 결국 강제해직 되었다. 전국 시사만화가 중 유일했다. 1981년 복권되어 부산일보에 4칸 만화 <어리벙씨>와 부일 만평을 연재한다.

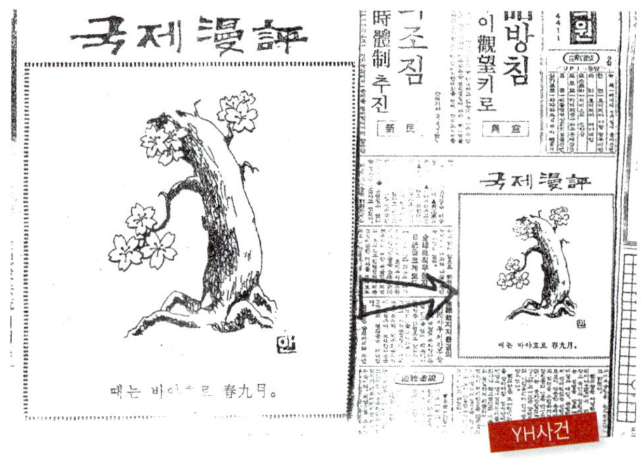

부산일보에 입사 때 부산일보 사장과 본인의 각서를 문공부에 강요 당한 만화 같은 사건도 있었다. 전두환 정권 시절에는 모나지 말고 어리벙벙하게 처신해야 살아남을 수 있다는 뜻의 4칸 만화 주인공 <어리벙씨> 이름 때문에 중앙정보부에서 캐릭터 이름을 바꿔 달라는 압력을 받기도 했다.

또한, 1988년 〈용팔이사건〉을 만화에서 다루다가 테러를 당하여 3개월간 병원 신세를 지기도 하였다. 부산 여성뉴스에 〈짱여사〉와 만평을 10여 년째 그리고 있고 부산에서 발행되는 일간 리더스경제신문에 〈어리벙씨〉를 다시 연재하고 창원일보에서 만평과 4칸 만화 〈마창진씨〉를 그리면서 부산·경남의 시사만화의 맥을 이어가고 있다.

테러 빌미 추전

부산일보 지면을 보자.

1948년 박성채의 만화 〈尹첨지〉를 시작으로 김일소(1953년), 김영순(1954년), 김세환(1961년), 신동헌(1962년), 안의섭(1962년), 박수동(1964년), 김의일(1964년), 정운경(1964년), 부석언(1973년), 안기태(1981년), 권성국(1963년), 조세규(1963년), 하추동(1975년), 박동산(1990년), 이종혁(1990년), 손상익(1991년), 손문상(1993년), 강동헌(1999년), 이재용, 천명기, 최해웅 작가 등이다.

김영순 작가는 인천 출신으로 6·25 동란 때 부산으로 피난 와 살면서 오랫동안 부산지방의 잡지, 신문 등에서 활동하다가 상경하여 작품

어리벙씨
안기대

<440>

어리벙씨

활동을 계속했다.

김세환 작가는 부산일보에 만평·4칸 만화 〈허사비〉, 어린이만화 등 여러 분야에서 연재하였는데 〈허사비〉는 허사비 양복점이란 간판이 생길 정도로 인기가 있었다. 큰 뜻을 품고 1975년 상경, 경향신문에서 연재를 시작하였으나 오래가지 못하고 그 뒤의 활동은 미미했다.

박수동 작가는 부산사범대학을 졸업, 교직 생활 틈틈이 각 인쇄 매체에 작품 활동을 하다가 상경하여 〈선데이서울〉에 성냥개비로 그린 〈고인돌〉 만화로 주가를 높였다.

강동헌 작가는 부산 출신으로 영남일보, 한국일보, 일간스포츠 등에서 작품 활동을 했다.

권성국 작가는 부산 수영구 출신으로 한국일보 기자 출신이며 〈허 어〉라는 필명으로 일간스포츠, 주간한국 등에서 활약했으며 권평국 작가와는 형제간이다. 둘은 부산매일신문과 부산경제신문의 시사만화 작가들이었다.

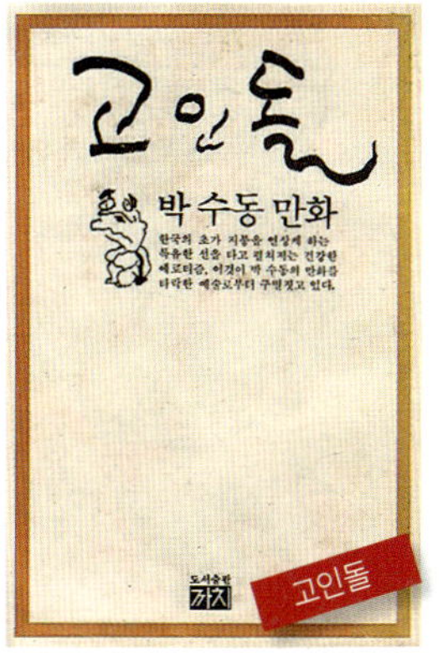

김용덕 작가는 1989년부터 4칸 만화 〈허거참〉과 만평을 호평리에 연재하였으나 편집국장과 의견마찰로 중도 사퇴하고 카툰과 주간지 등에서 활약 중, 신경무 작가는 필명을 〈신랑〉으로 하고 부산경제신문만평, 〈부경씨〉 4칸 만화를 연재하던 중 조선일보로 옮겨 왕성한 활동을 하다가 지병으로 갑자기 타계하였다.

잡지 쪽은 자료도 따로 구할 수 없고 잡지 수명 자체가 길지 못하고 제작 환경이 열악한 탓이었던지 만화가의 활동을 알아볼 수가 없다.

김일소, 김세환, 김영순 작가 등이 활동하였고 1970년대 이후에는 안기태 작가가 주로 맡아 그렸다.

스토리 만화 쪽을 보자.

6·25전쟁이 일어나면서 1·4후퇴 때 부산에 정착하여 작업 활동을 한 작가들이 많았다. 오명천, 고우영, 손의성, 하고명, 박기당, 서정철, 토니장, 김탁수, 이상일, 이덕선, 윤성 작가 등이다.

오명천(본명 오영배)작가는 1942년생으로 〈만화대량생산체제〉 초기 모델을 만든 작가로 작업실은 부산 구덕운동장 근처에 있었으며, 문하생으로는 박경래 소설을 만화로 그려낸 <토지>로 유명한 오세영 작가와 박봉성이 있다.

하고명 작가(1939년생)는 일본 기류市에서 태어나 부산해양고등학교, 동아대학교를 나와 박기당 작가의 문하생으로 들어갔다. 1964년 <배짱 좋은 소년>으로 데뷔했고 한때는 한국에서 가장 많은 만화자료를 갖고 있는 둥지만화박물관장(경기도 용인시, 2002년 개관)으로 있었다. 40년 동안 5만 권이라는 만화 관련 책을 수집하였다고 한다. 60년대 말 송도해수욕장에 만화가들 단체유람이 있었는데 해운대 건달들이 시비를 걸자 하고영 작가가 그들을 물속에 처박았다는 일화도 있다. 그는 단순하면서도 경쾌하고 굵은 터치로 주인공 <청이>는 당시 많은 인기를 끌었다.

일간스포츠에서 <삼국지>로 인기를 끌었던 고우영 작가는 남구 감만동에서 초등학교를 다녔다고 한다. 지금도 그들의 동기생들이 생존해 있다.

박봉성 작가는 1949년 부산 출신으로 서구 남부민동에서 자랐다. 그는 오명천 선생의 문하생으로, 1974년 <떠버리 복서>로 데뷔, 그의 캐릭터 <최강타>는 대단한 인기를 끌었다. 1980년대 재벌만화라는 새로운 장르를 개척하였던 그는 10여 년간 1백 종, 1천 494권의 만화책을 발간하여 연평균 130여 권이라는 한국만화 신기록을 세웠다.

그는 독특한 다작 시스템으로 만화공장이라는 별명을 얻기도 하였다. 부산 사하구에 봉성프로덕션 작업장이 있었으며 작업 만화생들만 1백여 명에 월 1억 원 정도의 인건비가 나갈 때도 있었다고 한다. 필자와 같이 부산예술대학 만화예술과 겸임교수로 있을 시 만날 때마다 자신은 결코 부산을 떠나지 않을 것이라고 장담했던 그도 열악한 부산 만화 환경을 극복하지 못하고 사업체를 서울로 옮겨버린다. 동료 작가들과 만화 콘텐츠 전문기업 〈대한민국 만화중심〉을 설립해 우리 만화계의 패러다임 전환을 꾀하기도 했다. 2005년 10월 동료들과 경기도 산행 도중 지병이었던 고혈압으로 갑자기 쓰러져 56세의 아까운 나이에 타계하였다. 부산예술대학 졸업 만화가들이 금정문화회관에서 추모전을 열어주기도 하였다.

현재 부산에 있는 스토리작가로 원로작가 박상호, 중견작가 문석배가 있다. 박 작가는 서울에서 오랫동안 작품 활동을 하다가 부산에 안착하여 아직도 작품 활동을 하고 있으며 한국만화가협회 부산지부장을 오래 맡아 후배들을 이끌고 있다. 부산예술대학, 동주대학 등에서 만화 강의를 맡았으며 현재 부산 남포동 중앙서적 3층에서 만화 강의를 열고 있다.

시사 만화가로 진출하는 길은 여러 가지가 있겠지만 〈독자만화〉도 큰 역할을 했다. 많은 만화가 지망생들이 이 난을 통하여 자기 능력을 키우고 만화가로서 발전할 가능성이 있는지 시험해 보는 훈련장으로 삼기도 하였다. <독자만화>의 원조는 1923년 5월 14일 동아일보 지령 1천 호 돌파기념 <만화현상모집>이었다. 당시 상금이 신문 구독권 4개월분이었는데 희한하게도 50년이 지난 뒤의 <독자만화> 원고료도 그때와 거의 같았다. 동아일보는 1923년 12월부터 <독자만화> 고정란을 만들고 매일 한 컷씩 게재했다. 조선일보도 다음 해부터 <독자만화>를 싣기 시작했다.

부산지역도 만화 지망생들이 많았다. 투고 상황을 알아보자.

1956년 6월부터 국제신문 지면에 처음 독자만화난이 등장한다. 정훈, 오원석, 유숙희, 박정동, 조명래, 여태수, 최종철, 이동, 백순옥, 김광우, 백신현, 최군웅, 문홍도 등이다.

부산일보도 1967년부터 시작한다. 손상근, 김동국 등이다. 부산지역 만화 지망생 중 중앙지 단골 투고자들은 김세환, 이종만, 이채언, 윤 현, 박진해, 오원석, 김찬철, 최종철, 성락종, 박진동, 허정도, 유기홍, 최영기, 김봉운, 이홍우, 이명자, 유 진, 김 석, 신평제, 박등무, 김정휘, 하인상, 김용덕, 홍종률, 장은석, 윤홍일, 이원수, 신삼기, 안기태, 홍종규, 장우상, 채규종 등이다.

이들 중 오원석(아동만화), 이홍우(동아일보), 박등무(카툰), 김용덕(부산매일), 하인상(카툰), 백신현(국제신문), 김동국(제민일보), 장우상(경향신문), 김세환(부산일보), 신삼기(국제신문), 안기태(국제신문 · 부산일보), 김정휘(카툰), 윤홍일(카툰), 홍종규(카툰), 이원수(한국일보 · 서울신문), 채규종(카툰) 작가들은 계속 만화가로서 활동하였다.

독자만화 투고자들을 상세하게 기술하는 것은 당시 시사만화가 그만큼 인기가 많았다는 것을 보여주고, 한편으로 매일 지면에 작품을 올리면서 만화가의 꿈을 키워왔던 그들 중 끝내 만화가의 길로 가지 못한 많은 작가를 이번 기회에 이름 석 자 만이라도 기록으로 남겨 그들에게 위안을 주고 싶어서이다. 이해를 바란다.

요즘 신문에 만화가 왜 보이지 않느냐는 질문을 많이 받는다. 여러 가지 이유가 있겠지만 첫째가 시사만화가들이 귀하다는 것이다. 독재정권 때는 반독재 만화가 주를 이루었고 독자들 대부분의 공감을 얻었다. 이념문제로 사측과 갈등도 없었고 신문 부수 확장에도 많은 도움을 주었다. 그러나 지금은 사정이 다르다. 보수우익과 진보좌익으로 편갈린 사회가 심각해서 진보색채의 내용은 보수 쪽이 굉장히 싫어하고 보수색채의 만화는 진보 쪽에서 알레르기 반응을 일으킨다. 언론사도 양분된 상황이다. 젊은 진보 좌익색채 만화가들은 좌 편향 언론사에 그림을 그릴 수 있으나 보수우익 언론사들은 이런 작가들을 원하지 않는다. 보수색채의 작가들은 은퇴하고 없고 작가 구하기가 힘들다 보니 신문에서 자연히 만화가 사라지는 것이다.

부산의 경우도 그렇다. B일보, K신문에서 진보·좌익 색채의 젊은 작가들이 사측과 갈등을 겪고 명예퇴직이나 연재 중단을 강요받았던 것이 그 예다. 중앙지에서도 이런 경우가 더러 있었다. 필자도 그랬다. 사내 젊은 기자들이 주류를 이루면서 이념문제로 갈등을 겪었고 사측에서 정년 이후 더 연재하기를 제의받았으나 그만뒀다.

카툰 쪽은 어떤가.

한 컷 풍자만화, 풍자적 회화라고도 불리는 카툰은 영국의 유명한 만화주간지(1814년 창간) 펀치(PUNCH)지에서 처음 등장했다.

〈만화의 시〉로 불리우며 만화 분야에서 가장 예술적이라는 평을 듣는 카툰은 프랑스를 중심으로 유럽 쪽은 대단한 인기를 얻고 있지만 아직도 부산시민들에게는 생소한 분야다. 척박한 환경 속에서 1992년에 〈제1회 풍자만화 5인전〉을 가지면서 부산카툰작가클럽이 태어난다.

채규종, 홍종규, 박등무, 장우상, 백성흠, 하인상 등의 회원으로 출발하여 매년 동인지 〈카툰세상〉도 발간하고 전시회를 개최하면서 뿌리를 내려왔다. 1999년에 부산시립미술관 초청전시회를 여는 등 〈월드컵축구한·일만화전〉, 〈APEC 정상캐리커처전〉, 〈해양수산부 부활전시회〉, 〈부산 CEO가 웃는다(부산문화재단기획)〉 같은 굵직한 행사도 많았다. 김윤홍, 김석환, 안기태, 김용덕, 박철홍, 정봉택, 박재만,

김문식, 이윤미, 박영민, 윤흥일, 김정휘, 유현민, 권정민, 김일순, 강길수, 강재명, 노인호 등 많은 작가가 계속 참여하였다. 현재 회장은 안기태 작가가 맡고 있지만 요즘 활동은 약간 부진한 상태다.

여성회원들은 분가하여 <여성 네가지>를 창립하였다. 현재 부산 사하구의 지원으로 감천문화마을에 창작공간을 제공받아 전시회를 가지는 등 왕성한 활동을 하고 있다. 회장은 이화여대 미대 디자인과 출신 유현민 전 부산예술대학 교수.

다른 예술 분야는 서울에 뒤지고 있다고 하지만 카툰만은 서울보다 강세라는 평을 받아왔다. 요즘 웹툰이 대세라고 하지만 예술적인 측면에선 <가슴으로 읽는 시각적 시>라고 불리는 카툰을 육성함으로써 부산이라는 도시 이미지를 선진예술도시의 반열에 올려놓을 수 있을 것이다. 아직도 카툰을 이해 못 하는 시민들이 대다수다. 그러나 역사적으로 보면 우리나라도 훌륭한 카툰작가들이 있었다. 바로 김홍도, 신윤복 같은 화가들의 풍속화가 지금의 카툰이다.

부산에 만화 행사로 큰 사고도 있었다.

1959년 7월 17일 국제신보사가 주최한 제1회 만화가 대 영화배우 교환 야구대회가 부산 대신동 공설운동장에서 있었다. 1부 낮 경기 행사가 끝나고 만화쇼 등 2부 행사가 시작된 밤 7시에는 약 3만 이상의 관중이 모여 있었다.

독자만화

후라이보이 곽규석의 사회로 흥겹게 진행 중, 밤 8시쯤 폭우성 소나기가 쏟아져 좁은 출입구로 빠져나가려는 관중들이 넘어지면서 68명이 사망하고 많은 사람이 부상을 입었다. 만화행사로 이렇게 큰 인명사고가 난 것은 세계 역사상 없었을 것이다.

이날 참가한 만화가들은 박기정, 김봉천, 김용환, 김경언, 이상호, 박기준, 김성환, 정운경, 안의섭, 신동헌, 박현석, 이소림, 정한기 등 당시 쟁쟁한 작가들이다.

역사 속 아쉬운 점도 있다.

조선 숙종 29년(1703년) 경북 선산 부사 조구상은 대민 홍보용으로 4칸 만화 형태의 그림 〈의우도義牛圖〉 외 3편을 제작하여 마을에 방을 붙였다. 이 그림은 1987년 〈만화광장〉 11월호에 소개되었고, 1991년 12월 21일 스포츠조선이 주최한 〈국제만화전〉 세미나에 참가한 세계 유명 만화가들로부터 세계 최초의 4칸 만화로 인정받았다.

현재 경기도 부천시가 전국적·세계적으로 만화 도시로 위상을 떨치고 있지만 경북 선산을 만화 도시로 키웠더라면 국내·외에 한국 만화의 위상과 세계 최초 4칸 만화 발생지라는 홍보 효과가 대단할 것인데 큰 유산을 활용하지 못한 후손들의 무지가 딱하기 그지없다.

의우총

부산·김해도 마찬가지.

코주부 김용환 작가는 김해 진영 출신으로 동래고등학교를 나와 일본 데이코쿠 미술학교에서 그림공부를 했다. 일본에서 활동하다가 귀국하여 다시 일본으로 돌아가는 1959년까지 종횡무진 많은 작품 활동을 한 당시 세계적인

작가였다.

이런 천재적인 작가를 김해시나 모교에서 잘 활용하여 부산·김해 지역을 부천처럼 만화도시로 키울 수 있었는데 또한 아쉽다. 모교에서 만화박물관이나 기념관 정도는 만들 수는 없었던 걸까? 일제 강점기에 친일적인 만화를 그렸다는 과오도 있다고 하지만 한국만화에 끼친 큰 공은 무시할 수 없다는 것이다.

해방 전후에 조선일보, 한국일보 등에서 활동했던 웅초 김규택 작가는 1906년 경남 칠원 출생으로 서울에서 활동하다 6·25전쟁 부산 피난 중에 일본 동경의 미극동사령부에서 그림을 그렸다.

웅초 김규택, 코주부 김용환, 김일소 작가는 같은 연대의 경남 출신으로 한국 현대 만화를 이끌어 온 3인방이며 이들과 스토리 만화 오명천, 하고명, 박봉성 작가 등 부산 출신 작가들을 한자리에 모아 만화기념관 같은 것을 부산시와 경남도가 연대해서 만들어 봄직도 한데 어떠한지. 경남도의 지원으로 김해시가 해마다 경남 만화 애니메이션 페스티발을 개최했으나 작년 중단하였다고 하니 더욱 절실하다. 경기도 용인시의 둥지만화박물관도 현재 시·당국의 무관심으로 날개가 많이 꺾여 있는 상태라고 하니 부산으로 옮겨 올 방안을 연구해 봄 직하다. 박물관을 만든 하고명 작가도 부산 출신이니.

1990년대 이후 신문만화는 쇠퇴하고 대신 스토리 만화들이 등장한다. 1993년 만화잡지 <아이큐점프>에 <팔용신전설>로 데뷔한 박성우 작가를 비롯하여 김태헌, 이석재 작가 등이다. 1천 만권 베스트셀러인 <만화로 보는 그리스 · 로마 신화>의 홍은영 작가도 부산 출신이다.

팔용신전설

인쇄 매체 대신 웹툰이 대부분 만화영역을 차지하면서 많은 인기 작가들이 부산에서 창작 작업을 하고 있다. 2015년 기준으로 80여 명 정도이고 프리랜서까지 합친다면 100여 명 정도가 된다. 새삼 부산 만화계의 격세지감을 느낀다. 현재 인기 작가로는 네이버의 김태헌 · 남정훈 · 김명헌 · 장래혁 · 임진국 · 백희정 · 유승진 · 고진호 · 전용식 · 강민구 작가, 다음의 김태건 · 김수인 · 유현숙 · 양동운 작가, 네이트의 강민구 · 배민기 · 김은희 · 임강혁 · 박윤영 작가, 탑툰의 남정훈 · 배민기 작가가 있다. 그 외 출판 쪽으로 최인수, 김류량, 송진우, 이성규, 최해웅 작가가 활동하고 있다. 단체로는 부산 · 경남 만화가 연대에 정회원 80여 명, 준회원 40여 명이 가입되어 있으며, 회장은 배민기 작가가 맡고 있다. 일본 진출 작가로는 최해웅, 고진호, 이성규 작가 등이 있다.

얼마 전까지 부산일보에 <단골식당> 스토리만화를 연재했던 최해웅 작가는 대표작으로 <파동> 등이 있다. 현재 부산대 애니메이션과 교수, 재담미디어 기획이사로 있으면서 2016년 10월에 열린<제1회 글

로벌웹툰쇼〉 조직위원장을 맡아 벡스코 전시장에서 성황리에 치렀다. 2015년 대한민국콘텐츠대상 만화부문 문화체육부장관상을 수상한 이력이 있다.

부산 활동 작가 중에서 부산예술대학 만화예술학과 출신들이 상당한데 현재 폐과가 되어 없다. 여태까지 학생들을 배출했더라면 만화계에서 많은 공헌을 할 수 있었고 그 영향도 대단할 것인데 참으로 안타까운 일이다. 서울을 비롯한 각 시 · 도에는 시립예술대학이 있지만 부산에는 없다. 부산시에서 시립예술대학 하나쯤은 운영해 볼 수 없는 걸까?

또 하나 아쉬운 점.

전국 광역시 · 도에서 수여하는 문화상 수상자 중에서는 수도권은 물론이고 충청권과 경상, 제주도에 이르기까지 상당수의 만화가가 포함되어 있다. 그러나 부산에서는 아직 없다. 부산 만화가들의 자존심도 살려주고 의욕을 북돋워 주어 부산 만화 발전에 큰 기여를 할 수 있도록 부산시가 배려를 해 줄 수 있으면 한다. 이전에 필자가 박봉성 작가를 한 번 추천해 봤는데 별 반응이 없었다.

2017년 새해에 부산 만화는 69년째를 맞는다. 우리나라에서 현대 만화가 가장 먼저 들어온 곳은 지리적으로 일본 문화를 가장 먼저 맞닥뜨리는 부산이다. 그런 이유인지 인터넷 만화(웹툰)를 연재하는 전업 작가들이 수도권 다음으로 많이 활약하고 있는 곳이다. 또한, 부산의 미래 성장 동력으로 만화가 자리매김하는 날이 곧 다가올 것이라 예상되는 것은 2020년경에는 웹툰 국내 시장 규모만 1조 원대에 이를 것으로 전망하고 있기 때문이다.

작가 본인들의 노력과 연구는 말할 것도 없겠지만 부산시 당국의 아주 특별한 관심이 부산 만화 미래의 승패를 결정지을 것이다.

부산만화 100주년에 거는 기대가 참으로 크다.

참고 〈한국시사만화사, 부산일보, 국제신문, 네이버〉

1. 부산의 만화 현대사 돌아보기

윤기헌 | 부산대 디자인학과 교수
배민기 | 만화가

생각을 그리다 문화가 되다
부산의 만화

한국 현대만화의 통로, 부산:1945~1980

1909년 한국만화 최초의 사건은 〈대한민보〉 이도영 화백의 1면 만평이었다. 1년 남짓 민족지로서 그 성가를 높였던 시사만화는 한일병탄으로 서럽게 퇴장했다. 이후 일제강점기 동안 한국의 만화는 표현의 자유를 억압당한 채 주로 신문과 잡지에서 시사, 생활, 아동만화로 확대 보급되었다.

근대 대부분의 국가에서 만화가 신문에서 비롯되었으며 부산에서 최초로 근대신문이 파생된 점을 감안하면 부산이 20세기 초부터 만화의 전파기지로서의 역할은 충분했다.[01] 실제로 만화잡지 유통의 거점이기도 했다. 당시 일본에서 선풍적인 인기를 끌었던 풍자만화잡지 시리즈 〈PUCK〉 잡지가 자신들의 식민지인 조선과 만주에 팔렸고 그 총판이 부산에 있었다는 기록도 있다. 최근 필자가 찾은 1907년 발간된 〈오사카 퍽〉 뒤표지엔 다음과 같은 내용이 쓰여져 있다.

'大阪パック京釜線一手販売特約店韓国草梁駅前岡本支店'

〈오사카 퍽〉 잡지의 '경부선 특약판매점으로 당시 초량역 앞에 실재했던 오카모토 서점이 지점'이라는 내용이다. 역에서 파는 풍자잡지

01 <한성순보> 보다 앞서 1881년 12월 10일 부산에서 일본인을 위한 신문 <조선신보>가 창간되기도 했다. 일부 한글이 혼용되었다.

<오사카퍽>잡지(왼쪽)와 부산총판이 적혀져 있는 1907년 2월 15일자 오사카 퍽의 뒤표지 일부(오른쪽)

로 유명한 오사카 퍽은 당시 한국사회에서 재조선 일본인이 많이 사는 부산과 경성(서울)에서 다수 팔린 것으로 추측된다. 일제강점기 부산에서 활동했던 만화가나 자료는 아직 발견되고 있지 않지만 만화유통 기지였다는 것만큼은 확실해 보인다.

피난처에서 꽃 핀 한국만화

해방 이후 한국에도 현대만화가 꽃을 피우기 시작했다. 그 선구자는 김해에서 태어나 부산에서 자란 김용환(1912~1998)이었다. 그는 일본에서 프로작가로 활동한 이후 귀국해 시사, 아동, 만화잡지 창간까지 한국 현대만화의 기틀을 닦았다. 또 그에게는 김의환이란 걸출한 형제 만화가도 있었다. 함께 일본에서 작가로 활동한 그는 '해방 후 초등학교 국어 교과서의 영희와 바둑이 컬러 삽화를 맡아 그려서 교과서 품위를 한껏 높여준 작가[02]이자 1946년 〈웅철이의 모험〉으로 데뷔, 〈어린 예술가〉, 〈피터 팬〉, 〈걸리버 여행기〉를 발표[03]하는 등 탁월한 솜씨를 선보였다. 형제는 한국전쟁 당시 육군정훈국 등에서 대북선전용 삐라를 만들기도 했다.

<밀림의 왕자> (서봉재,세계문화,1952),
<헨델박사> (최상권,일신사,1952)
사진출처: 디지털만화규장각, 한국만화영상진흥원

한국전쟁으로 부산으로 수도가 이전되면서 모든 문화도 부산으로 거점을 옮겨왔다. 따라서 만화문화 자체가 모두 부산으로 이전했다고 해도 과언이 아니다. 유명만화가가 부산에서 활동했고 출판사가 자생했으며, 많은 현대 한국만화의 거장들이 부산에서 데뷔했다.

초창기 전쟁 통의 만화는 '떼기만화', '뽑기만화'라 불리는 16페이지

---

02 박기준, <사진으로 보는 만화야사12>_단행본 만화의 황금시대, 김의환, 디지털만화규장각 (2015.10.05)

03 박기준, <한국만화야사>

정도의 조악한 종이로 만들어진 '길거리표 만화'였다. 처음에는 내용도 일본만화 표절이 많았다. 하지만 볼거리가 귀했던 시기인 만큼 아이들의 유일한 취미생활로 선풍적인 인기를 끌었다.

당시 앞선 출판사는 산해당(山海堂)이었다. 이영근 사장이 지금의 보수동 인근에서 출판을 시작했으며, 이곳에서 서봉재(1930~)는 <소년 케냐>라는 일본 원작만화를 개작해 공전의 히트를 기록했다. 당시 활동했던 만화가들의 회고를 들어보자.

"영도다리 옆에 하고 국제시장 가면 길거리에서(만화책을) 백 원에 파는 것도 있고 빌려주는 것도 있었어." (손의성)[04]

"(전쟁 통에 이런저런 사정으로 학교에서 나오게 된) 김성옥 씨는 국제시장에서 장난감 가게를 차려놨어요. 그 장난감 가게 안에다가 만화책을 조금씩 뒀거든요. 만화책이 훨씬 잘 팔리니까 전국의 만화도매상이 딱 돼버렸어요."(박현석)

"<세계문화사>의 김성옥 씨가 부산역 앞에 다 부서진 콘센트 건물 깨끗한 거 하나 있었어.(...중략...)거기에 출판사를 차려가지고 대히트를 쳤지."(박기준)[05]

---

04 손의성 인터뷰. 박세현(한국만화영상진흥원,2014)
05 박현석, 박기준 인터뷰. 윤기헌 (한국만화영상진흥원,2016.6.)

보수동을 중심으로 한 다수의 출판사가 만드는 출판만화는 대본소가 아닌 소위 구멍가게 등지에서도 팔렸다. 이때 데뷔하거나 만화를 그린 이들은 모두 한국 현대만화의 거목들이다. 그들은 피란지 부산에서 학교를 다니며 만화를 그렸다. 용산고 학생이던 박현석은 <흥안령의 비밀>을 손의성은 <원수의 딸>을 펴냈다. 신동우와 고우영 3형제[06]도 이때 만화를 그렸다. 이외에도 박기정, 박기준, 그리고 이상렬, 김학수, 박광현, 박기당, 서정철도 부산출생이거나 이곳에서 활동하던 작가들이었다.

50년대 한국전쟁 이후에도 강철수의 회고에 의하면 만화출판사가 남아 있었다.

"6.25로 부산으로 이사 온 서울 출판사들이 모여 있던 도떼기시장에 '승리문고'라고 가게가 있어요. 잡화 쌓여 있고 저질만화 양산하는 이름만 출판사인데 파란색 잉크로 만화를 그려 갔어요. 사장이 내 원고를 보더니 퇴짜를 놓더라고. 데생 방법도 모른 채 김종래 선생 만화를 보고 나도 한번 그려 봐야겠다고 생각을 하고 실천을 했던 거죠."(강철수)[07]

06 고일영, 고상영 등 고우영의 형들은 한국전쟁 이전부터 만화 창작을 시작했다. 형에게 영향을 받은 고우영은 1952년 부산에서 16쪽짜리 단행본 <쥐돌이>를 발표하며 데뷔했다. 두 형이 1959년 연이어 심장마비로 요절하자 형의 유작을 이어받아 '추동성'이란 필명으로 작품 활동을 했으며, 1972년부터 <일간스포츠> <임꺽정>을 연재하며 인기를 끌었다.

07 강철수 인터뷰. 윤기헌·김병수(만화포럼, 2014.6.26)

그리고 50년대 기억할만한 작가로는 최상권(1912~1967)이 있다. 그는 우리나라 최초의 SF 만화인 〈헨델박사〉를 그렸으며, 서울에서 동향 출신 만화사업가 김성옥이 만든 〈만화세계〉 편집장을 맡아 기적에 가까운 10만 부 판매의 신화를 만들기도 했다. 부산으로 낙향해 '문철'이란 필명으로 새로운 작품을 창작했다고 전해진다. 이 밖에 김일소(金一笑, 본명 金漢聖)는 당시 전국 3대 시사 만화가로 손꼽히던 작가로 《국제신문》과 부산일보에서 만평과 4칸 만화를 담당했다.

그러나 스토리 만화의 계보는 60년대로 접어들면서 서울로 집중화된다. 대본소체제로 인해 부산의 만화시장은 총판과 대본소 같은 소비시장으로만 남게 된 것이다. 더구나 60년대 한국만화를 돈벌이로 격하시킨 독과점 유통회사 '합동'과 '소년한국도서'의 유통체계가 자리 잡게 되면서 더더욱 지역 만화라는 개념조차 사라지게 한다.

다만 부산 출신의 작가들이 서울에서 활약하게 되는데, 60년대부터 30~40년대 생 작가들이 도드라지게 활약했다. 명랑만화의 대부 김기백(본명 金基台,1935~), 무협만화 〈돌아온 외팔검〉의 김기태(1936~), 음유시인으로 불렸던 허어(본명 權成國,1938~), 그의 동생이자 성인만화 〈미스 언제나〉의 권평국(1941~1991), 〈고인돌〉의 박수동(1941~), 소년만화의 이우정(본명 李桂三), 〈뚱딴지〉의 김우영(본명 金惠敬), 유표(본명 劉錫熙, 1942~)등이 있다. 이밖에도 〈따개비〉의 오원석

(1943~), 시사만화계의 거목 〈나대로〉 이홍우(1949~)와 〈한겨레만평〉의 박재동(1952~)도 부산출신이다.

김기백의 <외토리 천재복서>

박재동의 <한겨레만평>

80년대 거장들이 터를 잡다

80년대는 아동 대상 만화가 성인 취향으로 바뀌며 급속하게 시장이 외연을 넓힌 시기였다. 이 시기 부산에서는 거장들이 자리를 잡거나 싹을 틔우고 있었다. 김광성은 88년 '자갈치 아지매'로 등단한 후 당시 극화계의 '무서운 신인'으로 불렸다. 이듬해 서울로 상경해 수많은 작품을 남겼고 최근까지 (사)우리만화연대의 회장을 맡았다.

박상호(1952~)는 아주 오랫동안 부산을 지킨 작가로 60년대 최고의 인기만화가 김종래 문하에서 10년간 수련한 뒤 1981년 〈소년한국도서〉의 전속작가로 데뷔했다. 주로 무협계열의 〈무혈비검〉, 〈소림백로권과 철혈방〉, 〈무술48기와 들고양이들〉 등을 발표했다. 이후 고향 부산에 정착해 만화가협회 부산지부장, 부산예대 만화창작과 초빙교수를 지냈다.

이현세, 허영만과 함께 80년대 3대 작가로 꼽히며 수많은 히트작을 양산한 박봉성(1949~2005, 본명 박종구)은 한국 성인만화 시대를 이끈 장본인이다. 그는 2000년대 초반까지도 부산만화의 아이콘이었다. 몇 년 전 방영된 드라마 '신이라 불리운 사나이'를 비롯해 수많은 독자들을 만화방으로 끌어들인 당대 최고의 밀리언셀러 작가이다. 2005년 작고할 때까지 총 500여 작품, 1만여 권의 만화책을 만들었다. 비록 소위 공장제 만화 시스템에 올인해 '만화방 다작 작가'라는 비판에서 자유로울 수는 없지만 그가 한국 만화사나 산업계에 남긴 족적은 간단치 않다.

청소년기에 만화지망생들에게 늘 어른들은 박 화백의 이름을 일러주곤 했다. 〈떠돌이 복서〉(1974), 〈20세 재벌〉(1982), 〈신의 아들〉(1983), 〈캠퍼스 청개구리〉(1987), 〈집행인〉(1987), 〈신이라 불리운 사나이〉(1990) 등 히트작을 남겼다. 90년대 문하생을 했던 당시 인사의 증언을 빌리자면 서울, 부산에 모두 5개의 팀이 운영되고 있었고 많을 때는 20여 개를 운

박봉성 <신의 아들>
김혜린의 <비천무>

영할 정도였다고 한다. 원고료 현금인출이 많아 은행에 경찰이 찾아왔다는 일화는 유명하다. 이곳 화실 출신의 작가로는 〈용비불패〉의 문정후, 〈파동〉의 최해웅, 〈그리스 로마신화〉의 홍은영 등이 있다. 2000년대에 들어서는 작품 활동과 더불어 부산예술대학교 만화학과에서 고향의 후학들을 가르치기도 했으며, 작고 이후 부산예대 제자들이 박 화백의 추모전을 열기도 했다.

안기태의 <피라미>

7, 80년대 시사만화로 유명세를 떨친 작가는 석제(焟齊) 안기태(1942~) 화백이다. 당대 가장 유명한 시사만화가 중의 하나였다. 1973년부터 〈국제신문〉에 〈피라미〉를 주인공으로 한 4칸 만화를 연재했으며, 80년 언론 통폐합으로 해직된 시사만화가 1호였다. 81년 〈부산일보〉에 부일만평과 4칸 만화 '어리벙 씨'를 연재했다. 88년 '용팔이 사건'을 풍자한 만화로 테러를 당하기도 했다. 90년 〈국제신문〉에 다시 복직하여 국장 대우 화백으로 2003년까지 재직했다. 국제신문에서 〈7,000회 연재기념집〉을 발간했으며, 봉생문화상 언론부문상을 수상했다. '안기태 그림체'라고 할 정도로 독특한 선이 특징이며, 평소 유머카툰에도 왕성한 창작을 불태워 많은 카툰작품을 남겼다.[08]

08 부산 시사만화 명맥은 90년 국제신문의 서상균(1964~) 화백으로 이어지고 2015년 이후 끊기게 된다. 서상균은 1996년 <국제신문> 미술부 기자로 출발해 2003년부터 안기태 화백의 뒤를 이어 2015년까지 <국제신문> 만평을 담당했다. 컬러로 채색된 카툰의 그림체가 간결하고 부드러운 것이 특징이며, 매 사안마다 풍자를 직설적이기보단 은유가 많고, 보고 나서 한 번 더 생각할 여지를 준다.

80년대 말 일대 혁신을 주도했던 〈르네상스〉라는 만화잡지를 아직도 많은 독자가 기억하고 있을 것이다. 이 만화잡지를 대표하는 작품 중에 하나로 〈1999년생〉을 들 수 있다. 순정만화잡지에서 세기말의 SF를 다룬 이 엄청난 이야기는 바로 한국 순정만화의 대모 신일숙의 작품이다. 그녀 역시 부산 출신으로 84년 〈라이언의 왕녀〉로 데뷔 히트작 〈아르미안의 네 딸들〉, 〈리니지〉 등으로 한국 여성만화의 신기원을 이루었다고 평가받는다. 선 굵은 작품들을 선보이다 80년대 후반에 부산을 떠났는데, 아직도 많은 후배작가는 부산 아미동의 화실을 잊지 못한다고 한다.

부산 출신의 김혜린은 전통적인 순정만화 문법을 뛰어넘은 일대 센세이션을 불러일으킨 작가였다. 그녀는 황미나, 신일숙과 함께 당시 트로이카를 형성하며 일세를 풍미했다. 83년 〈북해의 별〉로 등단해 〈비천무〉, 〈테르미도르〉, 〈불의 검〉 등 문제작들을 잇달아 히트시켰다. 시대와 사회를 관통하는 문제의식을 잘 담아낸 작가로 단지 소녀들의 로맨스에만 국한되지 않은 이야기들로 독자를 사로잡았다. 그녀 역시 80년대 후반 서울로 자리를 옮겼다. 또한, 우리가 기억해야 할 작가로는 학습만화의 베스트셀러 원조 홍은영 작가가 있다. 그녀는 86년 〈은색의 대지〉로 데뷔 후 밀리언셀러 〈그리스 로마신화〉를 그렸다.

80년대 지방에서 만화가로 활동하기란 쉽지 않았을 터, 출판사도 서울에 몰려있었고 정보도 제한적이었다. 그러다 보니 대부분이 신일숙, 김혜린 화백처럼 눈물을 삼키며 고향 땅을 떠날 수밖에 없었던 시절이었다. 하지만 그와는 반대로 꿋꿋하게 부산을 지키며 힘들게 활동해온 박봉성, 안기태 같은 만화가도 있었다. 떠난 사람은 떠난 사람대로, 남아있는 사람은 또 남아있는 대로 고향 땅에서 후배들의 존경을 받으며 만화계의 원로로서 늘 든든하게 그 자리를 지켜주고 있다.

열정의 제국, 90년대 부산만화

90년대의 부산의 만화는 작가 개개인으로 열거하기엔 그 폭이 넓고 깊이가 깊다. 화려하고 다양했으며, 2000년대 웹툰 생태계의 씨앗들이 발아되던 시기였다. 당시 신진세력 중에는 박봉성프로덕션 출신의 작가 일부와 수많은 아마추어 클럽 소속 작가들이 있었는데, 이들이 부산의 르네상스 시대를 주도했다.

특히, 아마추어 동호회는 전국적으로 유명한 실력자가 많았다고 한다. 이른바 <태극>, <빅뱅>, <모노>, <청개구리>, <만장일치>, <BnW> , 그리고 <아크시스>까지 자생적 모임은 이른바 80년대 전형적인 대본소 만화를 뛰어넘는 뉴웨이브 시대를 열었다. 그들 모두가 90년대 부산의 만화를 만들었다고 해도 과언이 아니다.

90년대 그들은 '제국을 건설했다'는 평가를 하는 작가도 있을 정도이다. 〈드래곤볼〉을 비롯해 최고 수준의 일본만화들이 여러 루트를 통해 유입되면서 많은 부분에서 상향 평준화 된 90년대 독자들의 눈에 맞추려면 그때의 작가들은 개인 스스로의 능력이 시대에 걸맞게 상향 평준화 되어야 한다고 생각했다. 하지만 현실은 냉혹했고 수많은 지망생이 하나둘씩 도태되어 떨어져 나갔다. 당시 작가들의 말을 빌리자면, 90년대 출판만화시장이 가장 등단하기 어려웠던 시절이라고 입을 모아 얘기한다. 누구는 중학생 때 등단을 하는가 하면 또 어떤 누구는 서른 살이 넘도록 등단하지 못해 주변만 어슬렁거리던 시절이었다고 기억한다.

하지만 그들이 뭉치기 시작했다. 그렇게 동인지 혹은 회지라고 불렸던 책을 시작으로 그들만의 시장을 만들어 나가기에 이른다. 너나 할 것 없이 〈태극〉의 회지를 샀고 〈빅뱅〉의 소식지를 받아보았으며,

박성우의 <팔용신 전설>과 류량의 <사라사>

〈모노〉의 소속작가들에 열광했다. 출판사 없이도 생존이 가능했던 그들만의 리그, 이른바 부산 생태계를 건설하는 데 성공한 것이다.

부산을 떠나 한국 전체의 만화역사로 봐도 실로 통쾌했던 시기이기도 했다. 비공식적 집계로 부산에서만 300개가 넘는 만화동호회가 있었다고 한다. 그때 주로 동호회 작가들이 만났던 곳이 지금은 사라진 서면의 '피콜로 커피숍'이었다. 당시 흔치 않았던 셀프서비스로 비교적 저렴하게 운영되던 그 카페는 여럿이 테이블에 앉아 만화를 그리고 또 만화책을 들고 회의하는 모습을 심심치 않게 볼 수 있던 성지(聖地) 같은 곳이었다.

당시 부산동호회에서 당당히 탑이라고 자타가 인정했던 〈태극〉에는 〈8용신 전설〉, 〈나우〉의 박성우, 〈세이 러브〉, 〈스쿨라이프〉의 문석배, 〈딥〉, 〈인간의 숲〉의 김태헌, 〈테러맨〉, 〈서유기 플러스 어게인〉의 고진호 등이 포진해 있었다. 그들은 일명 '수정동 화실'이라고 불리는 아지트에서 서로의 만화적 기술을 공유하고 또 공부함으로써 기술적 상향 평준화를 이루어냈다. 당시 멤버였던 김태헌 작가는 이렇게 회고한다.

"92년도 부산시민회관에서 '블랙파워'라는 만화 전시회가 열렸는데, 그때 우리 〈태극〉과 함께 〈빅뱅〉, 〈모노〉 등등 많은 동호회가 함께 했었다. 그것이 소문이 나서 대원, 학산, 서울문화사 등 우리나라를 대표하는 만화출판사들이 와서는 각 회지를 말 그대로 싹 수거해 갔다."

태극은 서울문화사에서 100만 원 정도의 회지발행 지원금을 받기도 했었다. 그래서인지 박성우, 고진호, 김태헌 등 많은 '태극' 출신 작가들이 서울문화사를 통해 등단했다.

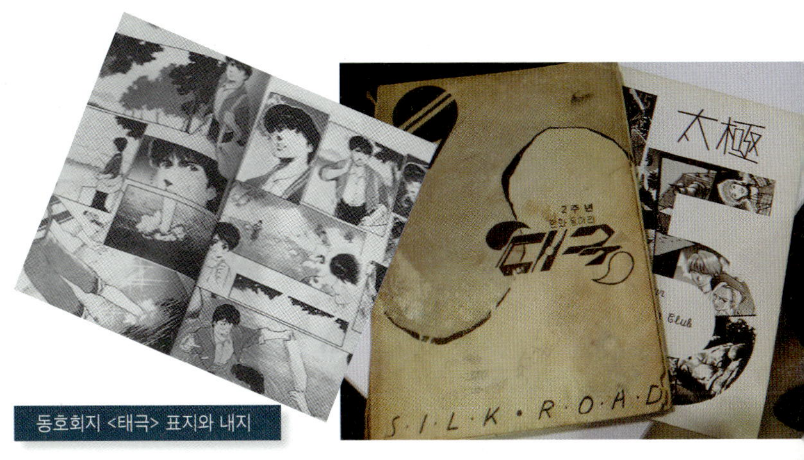

동호회지 <태극> 표지와 내지

동호회가 아닌 독자적 루트를 개척한 작가들도 있다. 〈블래스터〉, 〈레드 데블스〉의 정기철, 〈블록버스터〉, 〈팜팜블루〉의 정순호, 〈블랙가이〉의 고영신 등은 초량동 봉생병원 뒤 화실을 차리고 함께 모여서 만화를 만들었다. 배민기의 경우, 고2 때 이곳 정기철 작가의 문하생으로 만화를 시작했다고 한다.

그리고 박성우, 고진호 작가보다 훨씬 더 인기가 있었던 90년대 부산의 여류만화가들을 빼놓을 수가 없다. 대표적으로 92년에 데뷔한 <마린블루>의 어숙일 작가와 96년에 데뷔한 <사라사>의 류량 작가가 있다. 그 뒤를 이어 96년 데뷔한 <과학마법학교>의 김선영, 97년 데뷔한 <호구의 사랑>(드라마로 제작)의 유현숙 작가, 그리고 98년에 데뷔했던 <피바다 학원기>의 김은희 작가가 있다.

이밖에도 부산을 지키며 독학으로 데뷔하거나 자신만의 만화를 그려온 학원, 강사 출신 만화가들도 있다. 조민협은 1996년 서울문화사에서 데뷔하고 잇따라 수준작 단편을 발표해 당시 세간의 이목을 집중시켰다. 순정만화잡지에서 주로 활동했던 그는 단편 <폴리코트제국>, <미너비 씨와 편집부장의 마지막 대담>(나인), <무선호출국용 선택호출 수신장치>(윙크)와 같은 수작들을 잇달아 발표했다. 이후 학교에서 만화를 가르치다 최근 다시 웹툰을 제작하고 있다. 이현우는 만화학원과 대학에서 오랫동안 교육에 전념했으며, 낚시만화나 만화일러스트 작가로도 활동했다. 현재는 외국으로 스카우트되어 게임원화가로 활약하고 있다. 세계적인 명성을 얻고 있는 일러스트작가 김정기도 부산에서 오랫동안 만화교육과 관련된 일을 했다. 정규하, 오율석 등도 순수미술을 거쳐 꾸준히 학습만화, 웹툰, 성인만화, 일러스트로 묵묵히 부산을 지킨 작가들이다. 더불어 윤진수를 비롯한 캐리커처 작가들도 전문적 분야에서 오랫동안 지역에서 작가 군을 형성해 오기도 했다. 만화평론가로는 유일하게 부산에서 활동하는 윤영석은 꾸준히

논문과 평론을 통해 만화를 알리고 있기도 하다.

부산예술대학교 BUSAN ARTS COLLEGE

마지막으로 90년대 부산의 만화라고 하면 절대 빼놓을 수 없는 만화가의 요람이 있다. '부산예술대학교 만화창작과'가 바로 그 주인공이다. 1995년 개설되어 한때 주·야간 합해 정원 120명을 자랑하는 국내에서 손꼽히던 만화학과였다. 출신 작가 중에 현재 부산에서 활동 중인 만화가로는 남정훈, 김태건, 김태헌, 고진호, 이성규, 김석년, 엄태복, 이석재, 배민기, 박진우, 전재훈, 정영환, 김은희 등이 있다. 이처럼 많은 만화가와 수많은 애니메이션 감독, 게임디자이너를 배출하며 한강 이남 최고의 만화학과라는 평가를 받았던 학교는 결국 2년제 대학의 몰락과 취업률 위주의 정책과 내부 대응실패로 2010년 '통합미술학과'로 재편되며 역사 속으로 사라졌다. 많은 부산의 만화인들이 아직도 통탄해 마지않는 인프라 중의 하나가 바로 부산예대 만화과이다.

웹툰의 전진기지로 날다, 부산의 웹툰생태계: 2000년대 이후

모든 흥망사가 그렇듯 부산의 만화제국도 그리 오래가지는 못했다. 실력 있고 인기 많은 만화가는 현대만화의 본고장인 일본에 진출했고, 남아있는 작가들은 그나마 몇 자리 안 남은 지면을 차지하기 위해 자신들의 스타일을 버렸다. IMF로 대표되는 경제위기 속에서 문화산업은 길을 잃었고, 사람들은 먹고사는 것에 급급한 나머지 즐기는 방법을 잊어버렸다. 이러한 심각한 사회 분위기 속에서 부산의 만화가들은 하나둘씩 펜을 놓기 시작했고, 그 많던 만화동호회들도 급속도로 사라져갔다. 모든 것이 암울했던 이 시기에 부산의 만화는 부산의 터줏대감이 된 고진호 작가와 독특한 화풍으로 극화와 시사를 넘나들었던 남정훈, 천재 신인 이성규 등이 겨우 부산출판만화의 명맥을 이어가고 있었다.

더구나 전체 한국만화계도 90년대 중반 이후 일본만화 유입과 표현의 자유 억압으로 화려했던 전성기를 지나고 있었다. 만화산업 인프라는 붕괴했고 작가도 잡지도 출판사도 전대미문의 위기에 직면했다. 만화를 구한 것은 김대중 정부의 정보화 혁명이었다. 컴퓨터와 인터넷 보급으로 새로운 신세계, 온라인 공간은 콘텐츠가 부족했고 갈 곳 없는 만화는 새로운 세상으로 유입되었다. 이때부터 무료콘텐츠, 누구나 자유롭게 업로드 하는 '웹툰(Webtoon)'이라는 새로운 돌파구가 열렸다. 힘들고 어려운 터널 속에서 전혀 새로운 세상이 열렸다.

만화가가 되려면 부산에서 짐을 싸 들고 문하생으로 가거나 잡지 데뷔 후 서울로 이사를 가야 했던 많은 지망생이 굳이 서울로 가지 않고 이메일과 웹사이트 업로드로 만화게재가 가능한 시대를 맞았다. 그 결과, 조금씩 척박한 토양의 부산에서도 만화인프라가 자라났다. 그리고 오랫동안 지역을 버텨 온 만화가협회 부산지부 외에 2010년대부터 자생적 만화가 모임도 만들어졌다. 예를 들어 '부산경남만화가연대'는 친목 모임으로 출발해 2012년 공식화됐고, 전국에서 가장 결속이 잘 되는 단체로 성장했다. 이외에도 안기태 작가 등이 소속된 부산카툰클럽, 시사만화작가들의 전국시만화협회 부산지부도 있다. 아주 오랫동안 만화에 대한 낮은 인식과 모든 콘텐츠가 지원받을 때도 설움 받던 시대를 묵묵히 지켜 온 사람들과 단체들이 없었다면 오늘의 부산 만화계는 없다고 해도 과언이 아닐 것이다.

다양한 장르 만화의 세계

부산 웹툰계에는 한국 전체만화와 마찬가지로 다양한 장르 만화가 꽃을 피우고 있다. 주요 작가들을 장르적으로 살펴보면 다음과 같다.

남정훈의 <아이>, 고친호의 <테러맨>, 유승진의 <포천>

백희정의 <심장이 뛰다>, 김명현의 <카라멜 마끼아또>

로맨스

감성을 자극하는 러브스토리는 김명현의 〈카라멜 마끼아또〉, 남정훈의 〈아이〉 등이 있다. 그 외에도 임진국의 〈그린보이〉(네이버)는 스포츠와 사랑을 주제로 선용민 〈기적이 운다〉(네이트)도 독특한 그림체에 사랑을 담았다. 백희정은 〈심장이 뛰다〉, 〈저승에서 만난 사람들〉, 〈코끼리를 끌어안는 방법〉(네이버) 등을 통해 독보적인 위치를 잡았다.

역사, 무협

인문학적 소양이 넘치는 사극 분야는 김태건, 유승진, 배민기, 양동운 등이 있다. 양동운은 〈조선협객 유랑기 솔개편〉으로 새로운 무협만화의 지평을 넓혔다. 유승진은 〈포천〉으로 주술과 연관된 역사적 맥락을 짚는 등 인문학적 소양이 스며든 문제작들을 연이어 발표했다. 배민기는 강렬한 이미지와 극적 소재로 팩션류의 역사물을 주로 창작

이성규의 <풍장의 시대>, 양동운의 <조선협객유랑기>, 배민기의 <쌈닭>

해 왔다. 2009년 〈쌈닭〉(2009), 〈돗가비의 나라〉(야후, 2010), 〈직도단혼〉(스포츠투데이, 2012)등의 작품이 있다. 김태건은 퓨전 사극과 팩션에 강하다. 〈한성1905〉와 김정일 사망을 소재로한 화제작 〈스틸레인〉도 있다. 판타지 스릴러로는 이성규 〈풍장의 시대〉에서부터 고진호의 〈테러맨〉(네이버) 등이 있으며, 이석재는 다소 하드보일드한 무협 SF라 불릴만한 장르에 천착하고 있다. 〈흡혈반도〉(영챔프), 〈슬레이어〉(탑툰), 〈강철의 열제 서울정벌기〉 (카카오 페이지) 등을 발표했다.

스릴러

김태헌은 이 분야에서 가장 앞서가는 작가 중의 하나이다. 그는 출판만화 시절부터 스릴러 부분에 집중해 왔다. 〈DOGS〉, 〈인간의 숲〉을 비롯해 최근 네이버에 연재된 〈DEEP〉으로 이 분야에서 성가를 높이고 있다. 이밖에 판타지 스릴러 계열로는 필체가 독특하고 시공간을 가상의 공간에서 벌어지는 김태영 〈트란지:벌레 먹은 시체〉(네이트)와 제한된 공간에서의 생존드라마 〈그라운드 제로〉(툰도시) 문석배도 있다. 유사한 다크판타지 계열 송진우의 〈망상소년〉, 〈백귀〉(일본) 등도 있다.

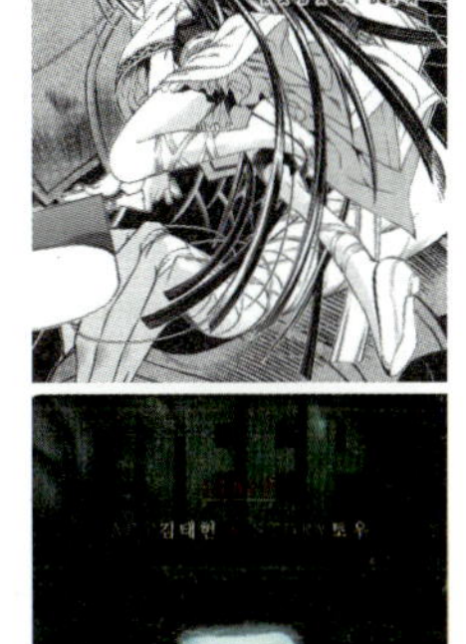

최해웅의 <화타위전>, 김태헌의 <딥>, 이석재의 <흡혈반도>

순정계열

웹툰에 있어 순정만화는 따로 구분이 없어졌지만 출판만화부터 꾸준히 내려져 온 만화가로는 유현숙이 있다. 그녀는 <연애다이어리>, <러브 미>, <새나에게 사랑을!!> (다음), <나는 매일 그를 훔쳐본다>, <호구의 사랑>(다음),<우리 집에 사는 남자> 등 히트작이 많다. 류량(김류량)은 판타지 로맨스물인 <Replay>을 비롯해 <솔직 담백하게>, <비 올 확률 50%> 단편집이 있다. 고용찬도 <아모로이드>(네이트), <애완소녀들의 동향분석과 대응방안>으로 감성적인 만화를 주로 그렸다.

유현숙의 <우리 집에 사는 남자>와 고용찬의 <애완소녀들의 동향분석과 대응방안>

에세이, 개그

에세이툰, 개그 분야는 소소한 일상 소재나 개그물로 분량은 많지 않지만 오랫동안 사랑받아 온 장르이다. 마인드C 작가는 2칸 만화라는 새로운 장르를 개척해 인기를 얻었고, 최근엔 부산을 무대로 한 일상물 〈윌유메리미〉가 있다. 최인수는 하마탱이라는 독특한 캐릭터를 내세운 〈일편단심 하여가〉를 비롯해 소소한 일상에서의 유머가 강점이다. 이밖에 명랑, 시사를 아우르는 최승춘의 〈하여툰〉도 있다. 네이버 웹툰에서 유명했던 강효경의 〈도자기〉, 〈단군할배요〉 작품도 소소한 일상에서 도자기와 같은 특정 테마를 에세이툰이라고 해도 무방하다.

마인드 C의 <윌유메리미>, 최인수의 <하여가>

그 외

액션 장르에 강한 임강혁의 〈슈퍼우먼〉, 〈PEAK〉도 있고 다양한 장르를 넘나드는 남정훈 작가도 있다. 그는 신문만화, 에세이툰을 거쳐 로맨스, 로봇물 등 소재를 넘나드는 작품을 연이어 발표하고 있다. 2005년 일간스포츠에 〈안다스텐〉, 네이트에 로봇물 〈스몰〉을 연재했고 네이버에 〈마스코 마스코〉(2008)와 최근에는 로맨스물 〈아이〉(탑툰)를 연재했다. 최해웅은 전문적인 장르에 강하다. 2001년 〈루프〉로 데뷔한 이래 한방 침(針)의 세계를 다룬 〈화타위전〉(華陀僞傳), 약선요리(藥膳料理)요리를 극화한 〈약선〉을 일본에 연재했으며, 박성우와 웹툰 〈파동〉 스토리를 쓰는 등 다양하게 활동하고 있다.

신성장동력 부산 웹툰의 미래

부산은 현대만화 시기 전체적으로 보자면 한국전쟁 이후 만화의 불모지였다. 단순히 서울의 만화를 소비하는 공간으로 만족해야 했다. 그러나 새롭게 만들어진 웹툰 생태계는 부산에서의 새로운 만화산업을 가능하게 만들고 있다. 서브컬처에 대한 선입견, 그리고 문화의 영역에 들여놓기를 꺼리던 부산의 문화계와 지자체 공공기관은 그래서 조금씩 변화하고 있다. 웹툰의 성장세와 200여 명이 넘는 작가와 예비 창작자들을 거느린 인프라에 반응하기 시작한 것이다. 2012년부터 지원사업이 속속 진행돼 현재 부산정보산업진흥원은 국비, 시비 등을 동원해 작가실을 만들고 웹툰창작 체험실, 아카데미, 지역 신인 만화가를 위한 공모전, 해외교류 등의 만화사업도 진행 중이다. 더구나 웹툰센터라는 국비지원 시설도 들어설 예정이다. 이와 같은 지원은 결국 암흑기 동안 만화를 붙잡고 버텨 온 지역작가들의 공로가 크다. 오랫동안 지역을 지켜 온 원로만화가는 최근의 부산만화계 발전을 목도하면서 정말 눈물 나게 감개무량하다고 필자에게 말하기도 했다.

그러나 부산의 웹툰 환경이 반드시 좋은 것만은 아니다. 가장 먼저 과도한 작업환경이 발목을 잡는다. 기획, 스토리, 디지털 데생, 컬러까지 도맡아야 하며 1주일에 1화 5, 60컷을 생산해 내야 한다. 어시스트를 두어야 하는 환경 탓에 일정한 고료로는 한계도 있다. 늘어나는 연재처 플랫폼도 안정적이지 않다. 복지의 사각지대에 놓여 있기도 하다. 부산이라서 정보와 중앙행정의 지원이 제한적인 불리함마저 약점이다.

그럼에도 콘텐츠 산업 중에서 최소의 투자로 다양한 장르로의 변주가 가능한 가장 경제적인 매체이자 부산의 미래 먹거리 산업임에는 틀림없다. 더구나 최근 들어 많은 젊은 피가 수혈되고 있다. 따라서 그 가능성은 신세대 작가들에게 확인할 수 있다. 이들은 굳이 구분하자면 84~92년생에 걸친 신예들로 대부분 웹툰 문화의 세례를 받고 자란 세대들이다. 더구나 만화 관련 학과를 졸업했거나 정식으로 아카데미 등에서 연마한 실력자들이다.

대표적인 작가로는 85년생 김혜원 〈러블리데이즈〉(NC), 김현수 〈파라독스〉(레진), 87년생 이아영 〈외모윤리〉, 〈졸리로즈〉(레진), 김미숙 〈샌드위치를 먹다〉(올레웹툰) 등이 있다. 또한, 88년생 김수인 〈포션매니아〉(다음), 89년생으로 2016년 부천만화대상을 받은 〈여탕보고서〉의 마일로 작가와 이협 〈코르보〉(코미코)가 있으며, 91년생 동갑내기인 김혜정 〈달수 이야기〉(네이버), 장현진 〈마이스마트 보이〉(코미코) 등도 있다. 판타지에서부터 학교 왕따 문제 같은 리얼리즘에 이르기까지 이들의 소재는 거침없고 필체는 확연히 도드라진다.

더구나 웹툰이 불확실성을 걷어내고 산업으로 인정받으면서 많은 중고등학생과 대학, 일반인들이 잇따라 부산에서 실력을 연마 중이거나 데뷔를 준비하고 있다. 부산의 웹툰 만화계는 그래서 오랜 어둠의 '터널'을 뚫고 나와 현재 '맑음'이자 앞으로 '쾌청'이라고 감히 말할 수 있다.

마일로의 <여탕보고서>,
김혜정의 <달수 이야기>, 이아영의 <외모윤리>

2. 고우영과 부산

동길산 | 시인

생각을 그리다 문화가 되다
부산의 만화

고우영 만화의 시작은 '부산'

고우영이 그린 자화상 캐리커처.

만화가 고우영은 따라다니는 수식어가 여럿이다. 수식어보단 찬사에 가깝다. '천재'가 따라다니고 '국민 만화가'가 따라다니고 '최초의 신문연재 만화가'가 따라다닌다. 극단적으론 한국 만화계의 신으로도 불린다. 5년 더 살았으면 한국 만화계가 한 단계 나아갔으리란 평가까지 대중에게 절대적인 믿음과 지지를 받던 만화가가 고우영이었다.

고우영은 독보적인 만화가였다. 그리고 문학적 토양이 튼튼했던 작가였다. 한국 전통설화와 이야기 문학의 토대를 흡수한 만화를 펼쳤다. 초창기 자신의 만화를 '만화 소설'이라고 명명할 정도였다. 고우영 특유의 필력과 남다른 시나리오 감각이 고우영 만화가 갖는 힘이었다. 투박하면서 섬세한 시나리오 감각은 이대근이 주연한 '가루지기'에서 메가폰을 쥐게 했다.

고우영 만화의 미덕은 선과 동작, 표정이었다. 선과 동작과 표정 모두 거침이 없었다. 19금을 넘는 것은 예사였다. 그것이 고우영을 비판받게도 했지만 고우영을 더욱 고우영답게도 했다. 얼핏 보면 저질스럽고 거칠어 보이나 가장 만화적인 선과 가장 만화적인 동작과 표정은 당시 만화계 교과서였던 일본만화를 따돌리는 모멘트가 되었다.

고우영과 부산. 고우영과 부산 사이에 무슨 끈이 있는지 갸우뚱거리는 이가 적지 않겠다. 그럴 만도 한 게 중국 만주에서 태어났고 만화 인생 대부분을 수도권에서 보냈기 때문이다. 고우영을 기리는 만화제도 경기도 부천에서 열렸다. 그러나 고우영과 부산은 수어지교의 관계다. 부산에서 초등학교와 중학교에 다녔고 첫 만화 단행본 『쥐돌이』를 그렸다.

이 글은 고우영과 부산에 관한 글이다. 고우영에 관한 글은 많지만 고우영과 부산을 조명한 글은 드문 편이다. 고우영 초등학교 동창 인터뷰, 고우영 자전 에세이, 사후 추모집 등이 토대가 되었다. 2013년 12월 국제신문 '이야기공작소' 시리즈에 게재한 글 전재를 전제로 한 글임도 아울러 밝힌다.

2013년 11월 3일은 만화의 날이었다. 이날 포털사이트 네이버는 메인 화면을 만화의 날 특집으로 꾸몄다. 장편 만화 세 편의 주인공을 올렸다. 만화 『짱구박사』 주인공 짱구박사와 『삼국지』 장비, 『가루지기전』 가루지기가 그들이다. 세 만화 모두 왕년에 엄청난 화제를 모았던 작품으로 공통점이 있었다 . 모두가 한 사람 작품이다. 그 한 사람이 고우영(1938. 8. 27 음력~2005. 4. 25)이었다. 두산백과와 위키백과, 나무위키 등에는 생년월일이 1938년 9월 27일로 나온다. 고우영은 자전에세이 『구름 속의 아이』에서 1938년 음력 8월 27일 새벽이라고 분명히 밝힌다.

만화가 고우영이 타계한 지 이제 10년 남짓. 그런데도 그는 여전히 현재 진행형이다. 만화의 날에 어김없이 등장하며 부천국제만화축제에선 2015년과 2016년 연이어 고우영 특별전이 열렸다. 현재 진행형이기에 지금도 고우영 만화는 파릇하다. 제목만 들어도 '아, 그 만화!' 그런다. 앞에 든 대표만화를 빼고도 고우영 만화는 넘친다.

한 시대를 풍미했던 '아, 그 만화!'

하기야 고우영 만화는 하나하나 그를 대표한다. 그만큼 하나하나 걸작들이다. 다 소개하기는 그렇고 얼추 이렇다. 스포츠신문 최초의 연재만화 임꺽정을 비롯해 수호지, 일지매, 초한지, 서유기, 열국지, 홍길동, 대야망, 아라노와 오가녀, 수레바퀴, 십팔사략. 하나하나가 한 시대를 풍미했고 하나하나가 한 시대를 쥐락펴락했던 국민만화였다. '아, 그 만화!'였다.

"우영이는 나보다 한 살인가 두 살 많았어요." 남구 감만2동 동항초등학교 맞은편 철물점을 운영하는 박수웅 선생은 고우영 초등학교 단짝이다. 나이는 고우영 만화가가 한두 살 많았지만 6학년 내내 옆자리 단짝으로 지냈다. 서로의 집을 오가며 숟가락 젓가락이 몇 개인가도 낱낱이 알던 사이였다. 두 사람 다 만주에서 유년을 보낸 이력은 둘을

더욱 끈끈하게 맺었다.

『구름 속의 아이』 고우영 자전 에세이집 제목이다. 2007년 나왔다. 이보다 30년 전에 낸 '아이는 어른의 아버지'를 게재한 것으로 고우영 2주기 추모의 뜻이 담겼다. 2008년에는 『고우영 이야기』가 나왔다. 작가론과 작품론, 자필 원고, 박재동 방학기 허영만 같은 동료 만화가 인터뷰가 실린 추모집 성격 단행본이다.

"학적부는 없어도 졸업 대장은 있습니다." 고우영은 중국 만주에서 태어났다. 태어난 해는 분분하다. 자전 에세이조차 둘로 나뉜다. 책표지 날개에는 1939년이라 밝혔고 본문에는 1938년이라 밝혔다. 그러기에 인터넷을 검색해 보면 어느 글에는 1939년으로 돼 있고 어느 글에는 1938년으로 돼 있다. 고우영 모교 동항초등학교 이규섭 교장이 보

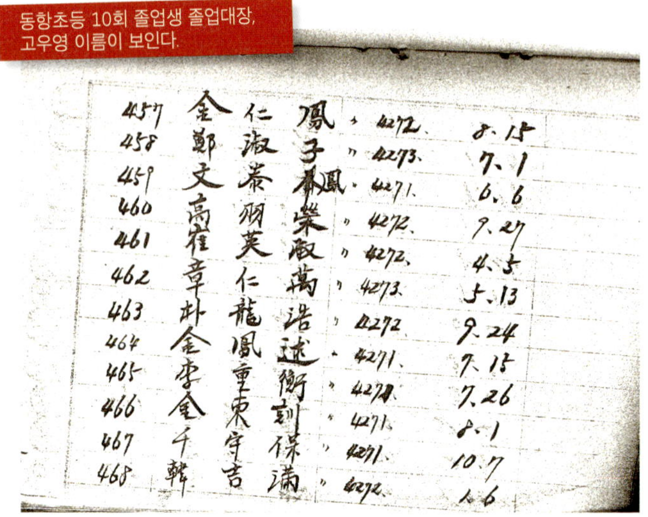

457	金仁鳳	〃	4272.	8.15
458	鄭淑子	〃	4273.	7.1
459	文恭麟鳳	〃	4271.	6.6
460	高羽榮	〃	4272.	9.27
461	崔英敏	〃	4272.	4.5
462	章仁萬	〃	4273.	5.13
463	朴龍浩	〃	4272.	9.24
464	金鳳述	〃	4271.	7.15
465	李重衡	〃	4272.	7.26
466	金東到	〃	4271.	8.1
467	千宇保	〃	4271.	10.7
468	韓吉滿	〃	4272.	1.6

동항초등 10회 졸업생 졸업대장, 고우영 이름이 보인다.

여준 졸업 대장에는 고우영의 한자 이름 '高羽榮'과 태어난 해 '4272'를 붓글씨로 기록했다. 단기 4272년은 서기 1939년이다. 앞서 언급했던 고우영이 자전 에세이집에서 밝힌 '1938년 음력 8월 27일 새벽'이 구체적이라서 믿음직하다. 참고로 고우영은 동항초등 10회고 이규섭 교장은 24회, 선후배지간이다.

고우영이 만주에서 태어난 자초지종은 자전 에세이가 밝힌다. 지나치다 싶을 만큼 상세하게 나온다. 아버지는 평양경찰서 보통계 경부였다. 경부는 지금의 경감으로 중간 간부였다. 어떤 사정으로 경찰을 그만두고 솔가해 만주에 정착했고 거기서 양복점을 경영하면서 고우영을 낳는다. 광복 이후 옛 경찰 동료가 여러 차례 공직을 제의했지만 일제강점기 경찰 노릇한 것을 두고두고 후회하며 번번이 사양했다. 어머니는 중학교 졸업 후 일본으로 건너가 독학으로 동경제대 의예과에 합격한 신여성이었다. 형제자매는 7명. 만화가였던 두 형 상영·일영, 누나 계영, 셋 동생 대영·천영·금지였다. 우영(羽榮)은 '항우(項羽)처럼 용맹하고 관우(關羽)처럼 깊은 인간이 되어라'라는 아버지의 바람이 담긴 작명이다.

고우영은 1945년 만주 태자강 재만초등학교에 입학한다. 그해 8월 일본이 항복하면서 신의주를 거쳐 1946년 평양 인근 시골학교 '기양인민학교' 1학년에 편입한다. 부모 고향이자 일가붙이가 사는 평양에 거처를 정하지 못한 건 일제 경찰이란 전력 때문이다. 기양은 시골이라서 은신할 수 있었지만 공산정권이 제자리를 잡아가면서 시골도 불안해진다. 내무서원 감시가 따가워지자 월남을 감행한다. 아버지는 미리 월남하고 가족들은 어머니가 인솔해 우여곡절을 겪으며 남쪽으로 한 발짝 한 발짝 옮긴다. 38선을 목전에 두고 북한 병사에게 붙잡힌 장면은 눈물겹다.

"갑자기 엄마가 울기 시작했다. '병장님이래, 이거 보시라요! 이 아이들을 키우느라고 안 한 짓이 없었디만, 도더히 어케 할 수가 없시요! 제발 부탁이니까니 한 번만 눈감아 주시구레, 에? 젊은 양반!' 막 흐느끼는 엄마를 보고 제일 먼저 따라 운 것은 누나이고 다음은 꼬마들이 합창하듯 엉엉 울어 댔다. 큰형도 손으로 눈을 훔치며 내 곁으로 슬그머니 다가서서, '나께(울어라)! 나께!' 그래서 나도 으앙 하고 울음보를 터뜨렸다. 지금 생각하면 웃음이 나오는 일이지만 그 순간엔 온 식구가 결사적으로 울어 댔다. 이쪽이냐 저쪽이냐의 판가름이 결정되는 마당이었기 때문이다."

1·4 후퇴 때 LST 타고 부산으로

서울에 정착한 고우영 가족은 가난과 고통에 시달렸다. 아버지는 술과 낚시로 세월을 죽였고 생계는 어머니가 도맡았다. 계성초등학교 편입생 고우영은 서울 정착 첫해 봄 GMC 트럭 왼쪽 앞바퀴에 두 다리가 깔려 6개월 입원하기도 했다. 그러다가 1950년 한국전쟁이 터졌고 '(공산치하) 90일간을 악몽처럼 살았다.' 얼마나 악몽 같았는지 엄마에게 이런 당부까지 한다. "나는 다리에 큰 상처가 있어요. 자동차에 치었을 때 생긴 것을 아시죠? 시체를 찾을 때 그걸 잊지 말아요." 이듬해 중공군 반격에 밀려 1·4 후퇴를 하면서 '눈길을 걸어 딱딱하게 얼어 버린 주먹밥을 녹여 씹으며 인천으로 걸어가 거기서 LST를 타고 부산으로' 온다.

"군부대 막사 같은 데 있지요? 거기서 살았어요." 부산으로 온 고우영 가족은 남구 감만동에 자리를 잡는다. 부산외대 자리 바로 위 언덕이다. 부산 동항초등 2층 복도에 전시된 1951년 6월 감만동 사진을 보며 박수웅 선생은 고우영 만화가가 살던 집을 대번에 가리킨다. 누가 봐도 부대 막사 같은 느낌을 자아내는 똑같이 생긴 집들이 다닥다

닥 붙어 있고 그 하나가 고우영 집이다. 고우영은 '고우영 이야기' 친필원고에서 '남구 감만동 빈민굴'로 표현한다. 사진 왼편에서 한가운데까지는 철조망을 둘러친 미군 부대가 보인다. 병기기지보급창(OBD—Ordnance Base Depot)으로 미군은 철수했어도 부대는 지금도 남아 있다.

고우영과의 일화를 소개하는 박수웅 동기

감만동은 오래전부터 군사 요충지였다. 조선 시대 해군사령부가 여기 있었으며 일제강점기 군사시설이 있었다. 부산 바다로 가는 해양 요충지라서 등대도 일찍이 세웠다. 감만 앞바다 제뢰(鵜瀨)등대는 현존하는 부산 최초 등대다. 감만이란 지명은 고려말 최영 장군과 맞물려 있다. 여기에 자주 출몰하던 왜구를 장군이 물리쳤다고 칠 감(戡) 오랑캐 만(蠻)을 쓴다. 무민사는 최영 장군을 기리는 사당이다. 장군 시호가 무민공(武愍公)이다. 백성을 내 자식처럼 걱정해서 얻은

고우영이 살던 감만동

시호다. 장군 위패를 일제강점기 동항초등 신사참배 하는 곳에 숨겨 두었다가 들켜서 곤욕을 치렀다고 한다.

1·4후퇴로 1951년 동항초등학교 6학년에 편입한 고우영은 친구가 없었다. 왜 그러지 않을까. 또래보다 나이도 한두 살 많았지만 재산 다 놔두고 피신하듯 끝난 만주생활이며 북한에서 서울 인공 치하에서 겪은 산전수전은 고우영을 이미 애어른으로 만들었으리라. 단짝 박수웅 말고는 늘 혼자 다녔다. 지금은 후문이 된 동항초등 정문에서 지금은 시장이 된 돌각담과 돌각담 사이 골목길을 거쳐 '댄창'이라 불리던 논길을 거쳐 자갈밭 신작로를 거쳐 집으로 다녔다. 동항초등에 전시된 사진은 걸어서 15분, 20분 거리라는 고우영 통학로를 선명하게 보여준 준다. "이 세상에서 그렇게 그림 잘 그리는 사람은 처음 봤어요." 고우영 초등 동기는 모두 127명. 두 반이었고 오전반, 오후반으로 나눠 수업했다. 박수웅 동기는 초등학생 고우영이 그린 그림을 기억한다. 울

고우영의 초등학교 당시 통학로

타리 없이 플라타너스 몇 그루뿐인 교정에 앉아 학교 맞은편 동담산을 배경으로 그렸던 기와집 몇 채며 골목길, 대밭을 기억한다. 고우영 집에 놀러 가서 봤던 고우영 만화도 기억한다. 동담산 그림은 영판 사진이었으며 만화가 뭔지도 몰랐던 시절 봤던 고우영 만화는 충격 그 자체였다. 1972년 일간스포츠에 실린 한국 첫 신문연재 만화 「임꺽정」을 접하고는 초등학생 고우영 만화 그 화필 그대로라서 '이 고우영이가 소식 끊긴 그 고우영이구나!' 직감해 신문사로 편지를 보냈고 고우영 답장을 받았다. 박수웅 동기 역시 고우영은 천재였음을 수긍한다.

고우영이 미술시간 그림을 그리던 장소를 가리키는 박수옹 동항초등 동기. 당시에는 담이 없었다.
(사진제공 : 김한근)

중학교 다니면서 첫 만화 「쥐돌이」 펴내

자전 에세이에서 밝히듯 고우영은 공부를 제대로 못 했다. '학교를 다닌 것은 불과 2년 6개월로 오그라든다. 3학년 2학기와 4학년, 6학년은 온전히 모두 배웠다.' 월남과 피난이 그의 학창시절을 오그라들게 한 것이다. 그런데도 동항초등 전교 1, 2등을 도맡았다. 같은 만화가로서 필명을 떨치다 같은 해 두 달 상간으로 요절한 두 형이 서울대 미대 출신인 것을 고려하면 이규섭 교장 표현대로 '한 번 들으면 곧바로 기억'할 만큼 머리가 우수했다. 1952년 3월 22일 동항초등을 졸업한 고우영은 경기중학교에 1차 지원했으나 2점 차로 낙방하고 용두산엔가 영주동에 있던 동성중학교에 2차 지원해 합격한다. 둘 다 서울 소재 중학교로 임시수도 부산에 피난 와 있었다.

『쥐돌이』 고우영이 펴낸 첫 만화 단행본이다. 중학교 2학년이던 1953년 16쪽짜리 작품으로 출판업자 권유를 받아 펴냈다. 지금이야 만화가 흔하고 누구나 그리는 세상이지만 당시는 만화가 귀했고 아무나 그리는 시절도 아니었다. 그 시절 그 나이에 출판 권유를 받았다는 건 이미 고우영 만화가 알려졌고 인정을 받았다는 방증이다. 한 푼 두 푼 돈이 아쉽기도 했다. 여섯 살, 다섯 살 터울 두 형은 징집돼 군복무 중이었다. 둥글고 큰 귀를 가진 쥐를 남자아이로 의인화해 흥미진진 펼쳐지는 무용담을 담은 이 만화의 미국식 이름은 미키 마우스.

집 근처 미군 부대 쓰레기장에서 우연히 주운 미국만화 『미키 마우스』에서 착안한 만화다. 미키 마우스의 한국식 이름이 쥐돌이다.

중학교 시절에도 고우영과 박수웅 단짝 관계는 이어진다. 박수웅이 다니던 경남중은 토성동에 있어 동성중과 거리가 있었지만 같은 배를 타고 통학했기에 가능했다. 감만동에서 시내로 오가는 대중교통은 달리 없고 배가 유일했다. 현재 우암동 부산은행 자리 적기 뱃머리에서 옛 부산시청 뒤편 뱃머리까지 배가 다녔다. 태풍이 불거나 풍랑이 심하면 부둣길을 걸어 다녔다. 차와 마차와 사람이 더불어 다녔다. 1953년 한국전쟁 정전으로 이듬해 부산에 있던 서울 학교들이 환도했고 고우영 가족도 짐을 쌌다. 고우영이 중3으로 올라가던 해였다. 고우영은 서울 동성고교에 들어갔고 가정형편이 어려워 그게 고우영 마지막 학력이 되었다.

본격 만화가 데뷔는 1955년 고등학생 때였다. '추동성'이란 필명으로 데뷔했다. 자신이 다니던 서울 동성고등학교에서 따온 필명이었다. 대본소가 주류이던 당시 『쥐돌이4』, 『공주 애찌루』 등을 그렸고 심장마비로 요절한 형 고일영이 그리던 『짱구박사』를 이어받아 그렸다. 합동출판사 독점체계가 이뤄지고 '교과서 같은 만화'를 그린다는 이유로 퇴출당하기도 했다. 만화 실을 데를 찾아 쩔쩔매던 시절이었다. 그러다 1972년 일간스포츠에 연재한 『임꺽정』이 뜨면서 일약 스타가 되었다. 『수호지』, 『삼국지』, 『열국지』, 『초한지』 같은 중국 고전과 『가루지

고우영의 만화

기전』, 『일지매』 등 한국 설화를 가장 만화답게 그려 한국을 대표하는 만화가 반열에 우뚝 섰다.

이홍우 만화가에 얽힌 일화는 유명짜하다. 동아일보 시사만화를 장기간 연재했던 이홍우 만화가는 부산진구 출신. 서면에 있던 광무중학교를 졸업했다. 이홍우는 고우영보다 열한 살 후배였지만 부산이라는 공통점이 두 사람을 가깝게 했다. 술자리가 잦았고 어느 술자리에서 '젊은 시절 권투를 했다' 고우영이 자랑하다가 권투시합이 실제 벌어졌다. 1977년 일이었다. 이홍우 화백에게 얻어맞고 해롱해롱하는 자신을 그린 만화가 한동안 장안의 화제였다.

부산과 한국을 대표하는 만화거리를…

"요즘은 인물이 브랜드 시대 아닙니까." 부산 남구청 문화체육과 김용민 홍보계장은 사견임을 전제로 동항초등학교 후문에서 동천초등학교 자리에 들어선 부산문화재단까지 '고우영 만화의 거리' 조성이 어떨까 한다. 담을 허물고 벽을 허물어 소통의 거리를 만들면 어떨까 한다. 괜찮겠다 싶다. 감만창의문화촌을 들락거리는 예술가가 나서고 주민이 소매를 걷어붙이면 부산을 대표하고 한국을 대표하는 명품거리가 되겠다 싶다. 여기는 삼국지 길, 여기는 수호지 길! 여기는 일지매 집, 여기는 극진 가라데 최배달 집! 생각만 해도 웃음이 낄낄낄 나온다. 고우영 가시 돋친 만화를 보다가 나도 모르게 나오던 그 웃음처럼. 내친김에 고우영 만화축전도 머리 맞대 보자.

고우영이 다닐 때도 있었던 동항초등 교정 플라타너스 앞에서 박수웅 동기와 이규섭 교장.

3. 한국의 데즈카 오사무, 코주부 김용환

정규하 | 부산대학교 예술대학 만화전공 박사수료

생각을 그리다 문화가 되다
부산의 만화
NEXT WE

1. '화공예술가' 김용환

코주부 김용환

몇 해 전 김해에서 열린 만화 학술대회는 바로 우리 지역의 위대한 만화가 김용환(1912~1998)을 주제로 열린 최초의 세미나였다. 낯선 김용환은 해방 전부터 활동하던 작가이니 발제를 준비하기 전에는 그저 원로 만화가이려니 하는 선입견이 있었던 것이 사실이었다. 하지만 별 기대 없이 시작한 연구는 예상을 완전히 빗나갔다. 그는 실로 다양한 만화를 그리고 변주한 예술가이자 한국 현대 만화의 거장이었다. 굳이 비교하자면 '일본만화의 신'으로 불리며 현대 만화를 개척한 데즈카 오사무(手塚治虫)에 비견될 정도이다. 마침 두 사람은 동시대 인물이었다.

데즈카 오사무 (1928~1989)

그의 이름을 대변하는 대명사인 '코주부' 캐릭터는 만화사적으로 많은 가치를 가지고 있으며 그는 '김용환 시사만화집'에서 스스로를 '화공예술가'라 밝히고 있었다. 그에 대한 자료를 수집할수록 그 의미를 확인할 수 있었다. 회화, 삽화, 만화, 시사만화, 아동만화, 민화, 동화, 풍속화, 역사화, 애니메틱(애니메이션 스토리보드)까지 실로 그의 작업영역은 방대했다. 그 외 연극, 영화, 문단, 라디오, TV 등에서도 활약하고 만화가 협회, 잡지창간 등의 실로 다양한 분야에 걸쳐 활동하였다. 이러한 다양한 방면에 두각을 보인 것은 대중 예술가로서의 그의 능력이 발현되는 모든 분야에 그가 적극적으로 활동하였음을 보여준다. 특히, 그림과 관련되어 대중과 소통하는 것이라면 어떤 영역이든 가리지 않고 활동한 아티스트였다. 그리고 그의 활동은 한국의 만화계에 많은 영향력을 행사하였다. 때문에 그는 만화가라는 틀에 가두지 않고 '화공예술가'라는 좀 더 포괄적인 용어로 자신을 표현하고 있는 것이다.

2. 김용환의 펜화

일본 유학 시절 급우의 소개로 삽화가 에지마 다케오(江島武夫)의 조수로 들어가서 산세이도(三省堂) 출판사의 백과사전 삽화 작업을 시작했다. 그런 도중 소년잡지에 응모하며 〈니혼쇼넨(日本少年)〉에 기타코지(北宏二)라는 필명으로 삽화 연재를 하게 된다. 〈고단샤〉의 세계명작 시리즈 작업에 참여하게 되면서 당대 최고의 펜화가였던 가바시마 가츠이치(樺島勝一)에 필적할 만한 삽화가로 성장하게 된다.

서양화를 전공한 그에게도 모필을 사용해서 백묘법, 갈필법 등에 근거한 동양적 표현법 즉, 명암을 덜어낸 외곽선으로 강약을 표현하여

기운생동하게 하는 기법은 익숙한 것이었다. 그것이 또한 만화로 전환하는 것에도 거부감 없이 접근하게 해준 배경이 되었을 것이다. 이에 대해 만화가 김수연 씨는 자신의 블로그에 다음과 같이 적었다.

"서구에 전통을 두고 있는 펜화는 대부분 운필의 강약에 변화가 적어 형태와 명암을 표현할 때 해칭(hatching:판화나 소묘에서 가늘고 세밀한 평행선이나 교차선을 사용하여 대상의 요철이나 음영을 표현하는 묘사법)의 각도와 회수에 따른 밀도로 나타내는 데 비해 김용환의 펜화는 이에 더해 운필의 억양과 완급을 자유자재로 사용하여 훨씬 표현이 다채롭고 동적이다. 이런 선 굵기의 운용은 잘하면 품위가 있으나 자칫하면 치졸해지기 쉽다. 김용환의 펜화는 서구의 펜화가 갖지 못하는 개성을 가지고 있다. 이는 서구의 철필(鐵筆) 문화보다 촉압에 훨씬 민감한 우리의 모필(毛筆) 문화를 펜화에 있어 그만의 장점으로 승화시킨 것이다."[01]

해방 이후 그의 펜화는 소묘적 접근의 충실한 명암 표현과 밀도 높은 묘사를 보이는 여러 표지그림, 삽화를 보이고 있으며, 일부 이야기 만화에서는 명암을 덜어낸 백묘법의 만화체 펜화들이 보인다. 하지만 그가 그려낸 만화들과는 다른 사실적 형태를 기반으로 하고 있다.

---

01 http://blog.naver.com/mi2591/140104672556 세상만화 블로그 ('해양과 문화' 2009년 봄호(통권 18호))

3. 김용환의 만화

미술을 시각언어라 얘기하듯이 필연적으로 무엇인가를 전달하고 교감하는 것이 그 속성이다. 하지만 근·현대에 이르러 미술은 너무도 난해한 구석이 많아진 장르였고, 만화는 직관적이고 문학적 속성까지도 포함하고 있기에 소통과 교감의 측면에서 더 매력적이다. 그가 가진 만화에 대한 생각은 1983년 출판된 코주부 시사만화집 후기에 간단하게 나타난다.

코주부 삼국지

"간단히 말해서 만화라는 것은 생각하게 하고 이해시키고 웃겨야 하는 3대 요소가 필요한 예술이다. 문학, 미술, 음악 등 일반 예술은 작가가 주체가 되어 상대방을 자신의 세계로 끌어들이는 것이 가능하지만 만화는 작가와 독자가 공통된 인식하에서 교류할 수 있는 관계로서만 성립할 수 있는 예술이다."[02]

만화를 통해 보여주는 그의 그림은 펜화와는 사뭇 다르다. 매일 제작해야 하는 연재 특성상 작화 스타일을 조절한 것으로 보인다. 만평과 연재만화의 작화도 분명히 차이가 난다. 만평은 한 장에 담는 것이고 연재만화는 세 컷 이상의 양을 유지하여야 하므로 보다 간략하고 깔끔한 표현이 주를 이룬다. 그는 이른바 만화체라는 그림체를 선택한 것이다. 즉, 내용전달에 방점을 찍고 그림의 밀도를 덜어냄으로써 만화의 기능적 측면을 부각시켰다고 볼 수 있다.

1) 탁월한 시사만화

해방 후 1945년 9월 6일 창간된 영어신문 〈서울 타임즈〉에 코주부를 발표하면서 당대 최고의 풍자만화가로 대접받게 된다. 강점기 시사만화의 단절을 이어주는 역할을 함과 동시에 억눌린 국민의 감정을 해소해 주는 해방구의 역할을 수행한 것이다.

"만화가 가진 능력의 하나는 비판능력이다. 비판하고 공격할 수 있는 대상

---

02 김용환, <코주부 시사만화집>, 융성출판사, 1983. pp. 138-139

은 바로 인간이다. 인간의 행동, 성격, 생활방식 등 인간사회 전반에 걸친 내용들이 만화에 의해 직접 간접으로 묘사되고, 동물 혹은 다른 사물에 비유되어 적나라하게 노출된다. 이렇게 지적되는 인간의 약점은 웃음이라는 독자의 공감을 얻게 되는 것이다."[03]

시사만화에 대한 그의 생각은 명확했다. 시사만화의 함의가 전달되기 위해서는 독자가 그 사안에 대해 관심을 가지고 있어야만 한다. 반대로 작가에게는 그 관심사에 대해 꿰뚫고 있어야만 하는 숙제가 주어지는 것이다. 그에 대해 풍자만화의 여러 기능을 설명하며 다음과 같이 지적했다.

"이처럼 역할을 가진 시평만화가가 되기 위해서는 그만큼 많은 자질이 필요하다. 만화가는 멸학해도 좋으니 박식해야 하며, 일선 신문기자 정도의 날카로운 감각을 가져야 한다. 또한 만화가로서의 능란한 뎃상력을 갖추어야 함을 더 말할 나위도 없다."[04]

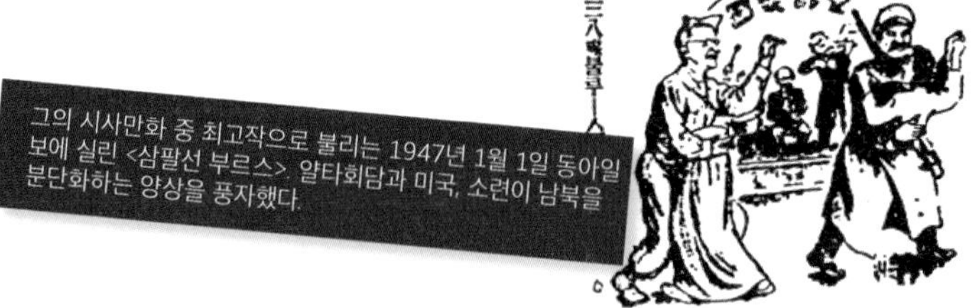

그의 시사만화 중 최고작으로 불리는 1947년 1월 1일 동아일보에 실린 <삼팔선 부르스>. 얄타회담과 미국, 소련이 남북을 분단화하는 양상을 풍자했다.

03 김용환, 앞의 책 p. 138-139
04 위의 참고

2) 아동만화의 선구자

1945년 신성문화사가 발행한 〈홍길동의 모험〉은 우리나라 최초의 만화 단행본으로 알려져 있다. 1946년 5월 1일 조선아동문화협회에서 간행한 단행본 〈토끼와 원숭이〉는 현존 가장 오래된 국내 만화 단행본으로 알려져 문화재로 지정되기도 했다.

1940년대와 50년대 만화는 그림 한 칸을 반으로 나누어 고어체(古語體)의 설명문으로 채워 넣는 형식과 〈홍길동의 모험〉 등의 현대적 만화 형식이 혼재한 것으로 보인다. 〈토끼와 원숭이〉 등은 그림 소설의 형식이고 〈코주부 삼국지〉 등은 현대적 형식을 취하고 있다. 김용환은 만화의 형식을 주도하기보다 만화의 대상인 아동에 대한 이해를 우선시한 것으로 보인다.

"만화는 어떤 한 개의 테마를 만화적 수법에 의하여 연속적으로 그려내되, 명랑성, 기지, 상상력 등을 '유모어'의 매력을 통해서 아이들에게 주는 것이며 만화는 어떠한 테마에 의한 내용을 第一義的으로 하고 그림은 第二義的인 표현 방식에 불과한 것이며 아동에게 일종의 행동적인 공상력을 만족시켜 주는 것이다. 말하자면 설명과 뚝 떨어져서 한 개의 그림만으로 보더라도 만화는 훌륭한 예술 작품이 되어야 한다. 그러므로 만화가는 내용을 적절히 표현하는 화가인 동시에 또한 우수한 아동 작가의 소질이 필요하며 세계적인 시야를 가지고 항상 아동 관찰과 아동 심리에 관심을 갖는 것을 게을리하지 말아야 한다. (후략)"

이외에도 우표, 캐리커처, 광고만화, 장정 그림 등 그의 그림이 실릴 수 있는 영역이라면 가리지 않고 활동했다.

1946년도 조선아동문화협회 <토끼와 원숭이>

3) 화려한 컬러 일러스트

양화

"〈자유의 벗〉의 표지는 상당 부분 한국적 소재를 다룬 이미지로 채워져 있었다. 한국의 풍속, 역사, 전통을 친근하게 되살리는 듯한 이들 이미지는 앞뒤 표지에 컬러로 인쇄되어 그림의 맛을 온전하게 느낄 수 있게 했다. 당시 물자가 턱없이 부족한 상황을 감안하면 양질의 종이로 만들어진 〈자유의 벗〉의 컬러 표지는 주목을 받기에 충분할 터. 거기에 김용환의 세밀한 풍속화가 곁들여졌으니 보는 이들의 감탄을 자아내는 것은 당연했다. ”[05]

라고 그의 일러스트가 미친 영향을 전하고 있다.

그의 컬러 일러스트는 주로 불투명 유채다. 명암법에 치중하지 않고 개체의 시각적 정보가 소멸되지 않도록 암부의 면적을 최소화하고, 개체의 구분은 형태 외곽의 명도차를 이용하여 구분한다. 명암의 강렬한 대비와 색채의 유희보다는 개체의 정보전달을 더욱 효과적으로 수행하고 있다. 그의 일러스트가 주로 역사화나 민화 등을 다루고 있기 때문에 더욱 빛을 발한다.

일본 잡지 '소년구락부' 1940년 11월호 게재된 소설 '이 깃발아래에서!'의 삽화

김용환의 삽화 달따냥

05 http://blog.naver.com/kmu_univ/120104306484 국민대 웹진

한국의 민화 (김용환 그림, 다사카 스네가스 번역)
(일본북센타, 1980)

민화, 동화, 풍속화

1980년대에 들어서 민화풍의 일러스트에 집중하는 듯하다. 꽉 들어 차는 펜화와 양화의 방식을 벗어나 화면을 비워가면서 구륵법에 의한 그의 필법이 더욱 돋보이도록 바뀌어 가고 있다. 만화를 통해 수도 없이 관찰하고 그려온 인체에 대한 자연스럽고 유려한 동세와 모필에 의한 강약조절이 더욱 기운생동하게 한다.

역사화

그의 이순신 그리기는 펜화, 수채화, 유화를 통해 평생에 걸쳐 이루어졌다. 1980년에 유화로 제작된 〈명량해전도〉(95페이지)로 진해 해군사관학교 박물관 전시되어있다. 김용환의 이순신 관련 그림 중에서도 대표작이다.

"우리 한국인은 여러 가지 면에서 일본인에게 콤플렉스를 느끼고 있는 경우가 많다. 그렇지만 일본에 대해서 단 한 가지 이 콤플렉스를 해소해 주는 것이 이순신 장군이 일본 수군에 대한 연전연승의 대전기록이다. 이것은 명확한 사실이기 때문에 한국인인 이상 역사를 읽을 때마다 이 항목에 대해서는 피가 끓어오르는 통쾌감을 느끼지 않는 사람은 없을 것이다."[06]

06 삼팔선 불루스에서 성웅이순신까지 p.139 ,<친화> 일한친화회, 1973. 4. 재인용

글에서 보듯 그는 대단히 민족주의적 성향을 보이고 있다. 물론 당시 민족이 느끼는 바가 맞기도 하지만 김용환 자신이 스스로의 정체성을 찾고자 하는 과정일 것이다. 금전적 이유로 일제에 동조했으며, 생존을 위해 이념전의 양쪽 모두에 서본 그로서는 자신의 정체성과 민족의 정체성을 찾아가는 것이 콤플렉스를 극복하는 길이었을 것이다.

이러한 일련의 작업에 대해 역사화란 기본적으로 사료적 고증에 입각해 상상을 더해 만들어내는 그림이라고 한다. 고증에 대해 그는 '정확한 고증으로 그리려 하였으나 상상이나 창작으로 그린 부분이 꽤 있었는데 그 후 다른 사람이 그것도 그대로 그리는 것을 보고 곤란하였다'고 표현하듯 고증에 대해 고민하고 정확한 표현을 하려 노력한 것을 알 수 있다.

앞서 살펴본 양화에서도 여러 역사화가 등장하고 있다. 위 그림들은 1987년 계몽사에서 발간된 <그림 한국사>인데 전쟁장면뿐만 아니라 가옥, 소품, 의궤도에 이르기까지 한국사에 등장하는 거의 모든 것을 담고자하는 의지가 엿보인다.

4. 한국 만화사에서의 김용환의 업적과 의의

김용환은 우리만화사의 어두운 현실 속에 놓여 있었으면서 그것을 적극적으로 타계하여 나간 인물이다. 해방 후 만화가는 몇 되지 않았고, 서양화, 동양화 화가들이 부업삼아 활동하던 시기에 전업 작가의 전형을 보였으며, 만화가 제자리를 잡아가도록 선도하였다. 또한 시사만화의 기능적 측면을 정확히 판단하고 구현함으로써 그의 만화가 가벼운 것만이 아님을 증명하였고, 식민통치기 단절되어가던 시사만화의 명맥을 되살리는 역할도 하였다.

그의 만화사적 가치는 근대만화가 단절된 문화 활동의 해방과 함께 활발히 활동한 그와 주변의 만화가들에 의해 현대만화로 넘어서게 한 중간자적 역할을 충실히 수행한 점에 있다. 만화뿐만 아니라 그의 활동들이 그런 것을 이루어내게 한 것이다. 그런 활동으로 인해 만화가의 지위가 향상되었으며 그것을 힘으로 만화가들의 연대가 이루어지고 단독의 영역으로 잡지까지 창간하게 된 것이다.

이러한 점은 매체와 대중에 대한 정확한 이해와 일본에서의 그의 경험이 주요했으리라 짐작할 수 있다. 또한 스스로를 만화가에 국한시키기보다 화공예술가로 칭하며 그림과 관련된 영역에서 무엇이든 적극적이었던 점이 이러한 활동을 가능케 하였을 것이다.

"순수회화의 원화가 일당의 사롱에서 기백 명의 감상에 그치는 데 비하여 인쇄를 통한 이 만화, 삽화가 수천만의 대중에게 감상 된다면 예술이 특권계층의 전유물이 아님을 생각할 때 얼마나 만화, 삽화가 중요한 것임을 알 수 있을 것이다. 순수회화와 만화, 삽화의 구별보다도 문제는 작가의 소양 여하에 따라 구별되는 것이라고 생각한다. 진짜의 예술가 화가라면 소위 순수회화나 만화나 삽화나 모두 그릴 줄 알아야 한다고 생각한다. 기왕 나도 만화의 길을 밟은 이상 동기 여하를 막론하고 내 길을 더욱 빛나게 개척하려 하는 바다."[07]

위와 같이 밝히듯 그는 만화가의 칭호에 스스로를 가두어 둘 생각이 없었다. 다만 만화에 대한 멸시에 정면대응하며 그것의 가치를 끌어올리는 것에 관심이 있을 뿐이다.

작품으로 보는 그는 시대별로는 초기 일본에서는 펜화, 한국에서는 만화, 후기 일본에서는 일러스트로 보아도 될 것이다. 그리고 그의 탁월한 작업은 최근 재조명되고 있다. 그를 기념하여 전시가 열리고, 책이 발간되며, 예전의 책이 복간되기도 하면서 많은 만화가에게 끼친 영향까지 되짚어보고 있다.

결국, 그를 만화가에 국한시키기에 그의 능력과 활동영역이 너무 방대하다. 때문에 화공예술가 즉, 출판미술가로서의 그의 가치를 다시 살펴볼 충분한 가치가 있다. 또한 만화와 역사고증에 대한 태도, 소통의 예술가로서의 김용환은 후대에 많은 시사점을 주고 있다. 매체에

---

07 삼팔선 블루스에서 성웅 이순신까지 p. 149 <신태양>, 1954. 3. 재인용

적응하고 그것을 적극적으로 수용하여 전달하고자 하는 메시지를 정확히 전달하려는 '화공예술가'로서의 전형으로 삼아도 모자람이 없을 것이다.

한편으로는 천재적 기질을 뽐냈던 김해, 부산에서의 어린 시절과 식민지 시절 일본에서의 면학과 제국주의에 대한 봉사, 그리고 해방 이후 이데올로기에 휩쓸린 경험이 한 인간으로서의 김용환이 시대를 관통했음을 웅변해주고 있다. 더구나 가정적으로도 그는 고독한 한 사람의 사내이자 아버지였다. 복잡 다양한 김용환이란 사람과 작가의 삶과 가치를 좀 더 내밀하게 평가해야 할 시점인 것이다.

4. 부산을 그리다, 박봉성

김창 | 시인

생각을 그리다 문화가 되다
부산의 만화

1.

초등학생 때부터 시작된 나의 만화사랑은 꽤 오랫동안 계속되었다. 중학생 때는 짧게 활동하고 사라진 양인철의 만화를 좋아했고 고교 시절엔 허영만의 만화를 좋아했다. 학교를 일찍 마친 토요일엔 만화방에 있는 시간이 많았다. 대학 시절에도 만화방에서 시간을 보내는 때가 많았고 대학원 시절엔 만화 그리는 선배의 추천으로 알게 된 박흥룡의 만화를 잡지까지 뒤져서 찾아 읽었다. 일간지가 시들해지고 코믹스가 만화방을 점령하면서부터 무척 다양해진 한국 작가들의 만화들과 일본만화들도 접하게 되었다. 그림과 두성이 탄탄한 만화를 찾아 읽다 보니 일간지에는 손이 잘 가지 않았다. 박봉성은 이틀에 한 권 꼴로 만화를 찍어내었던 대표적인 일간지 작가였다.

박봉성은 내가 만화방 출입을 시작하던 1980년대 초반 재기에 성공했고 그의 만화는 이미 만화방을 장악하고 있었다. 그간 그의 만화를 드물게 보긴 했지만 글을 쓰기 위해 그의 만화를 다시 찾아보고 그의 삶을 추적해 가는 과정에서 알게 된 사실은 그의 작품 중에 의외로 재미있는 것이 많다는 것, 그리고 그의 삶이 만화만큼 굴곡이 심했다는 것, 그가 소위 만화공장의 효시라는 것, 그가 이미 고인이 되었다는 점 등등 무척 많았다. 그런데 가장 특이하게 다가온 것은 그의 만화 가운데 자신이 살아온 부산을 배경으로 담고 있는 점이다. 특히 자갈치와 공동어시장을 배경으로 투기자본의 시장농단에 대항하는 내용을 담고 있는 <새벽을 여는 사람들>은 박근혜-최순실 게이트로 나라가 시끄럽고 백만이 넘는 사람들이 대통령 퇴진을 외치며 집회를 하는 현 상황에서 무척 의미심장하게 다가왔다.

박봉성의 삶을 추적하는 것은 그리 간단치 않았지만 조각난 천을 맞춰 옷을 완성하는 것처럼 재미있었다. 그에 관한 기사들은 대부분 단편적이어서 이리저리 짜 맞추어가며 전기를 쓰는 마음으로 재구성하다 보니 그가 어떤 사람이었는지 어렴풋하게 알 것 같았다. 박봉성의 본명은 박종구다. 부산에서 출생했다는 정보도 있지만 사실 그는 경남 진해에서 출생이다. 1949년 3월 29일생이니 한국전쟁이 일어나기 한 해 전에 태어난 것이다. 그의 부모는 전쟁을 피해 4남 1녀를 데리고 부산 완월동에 정착했다. 이후 박봉성은 군 생활을 마칠 때까지 부산에서 살아간다. 생의 가장 소중한 시간을 부산에서 보낸 것이다. 그의 만화에 자주 나타나는 시장은 부모님의 삶의 터전이었다. 박봉성의 아버지는 수박을 팔았고 어머니는 생선 장사를 했다. 박봉성은 형제 가운데 막내였는데 위의 형제들과 터울이 많아서 초등학교에 들어가지 전까지 혼자 집을 지키는 시간이 많았다. 그 혼자였던 시간을 그는 만화를 그리면서 보낸다. 그것도 이야기를 만화화하는 데 관심을 가진다.

그러던 그는 중 3 겨울방학 때 만화가로 살 것을 결심한다. 만화가는 생활고를 해결하기 어려울 뿐 아니라 결혼도 가기 힘든 시절이었다. 군인이었던 형에게 죽을 만큼 얻어맞고도 박봉성은 그해 겨울 오명천의 문하생으로 만화계에 입문한다. 건국상고에 입학한 그는 수업을 마친 저녁엔 오명천의 화실에서 작업을 도우며 만화를 배우게 된다. 그 무렵 오명천은 서구 동대신동에 살면서 만화작업을 했다. 하지만 박봉성은 스승의 마음에 드는 제자는 아니었다고 한다. 자신의 스토리로 그린 것은 그럴 듯 했지만 화실에 필요한 그림을 그리는 재주는 별로 없었기 때문이다. 그러던 어느 날 오명천은 박봉성에게 스토리를 한번 써볼 것을 권하는데 그 스토리는 화실 작품으로 출간되어 나쁘지 않은 성적을 거둔다. 그 일이 있은 후 그는 데생까지 하게 된다. 그때부터 박봉성의 실력이 부쩍 늘었다. 자신이 만든 스토리에 데생까지 하게 되니 신이 났던 것이다. 하지만 그에게도 피할 수 없는 것이 있었으니 다름 아닌 국방의 의무. 운이 좋았던 것인지 박봉성은 전방이 아닌 부산 소재 군수사령부에서 복무하게 된다. 그리고 그의 러브스토리가 싹트기 시작한다. 제대를 얼마 남겨두지 않은 말년 병장 박봉성은 새로 부임해온 두 살 연상의 여군 장교에게 반한다. 여군 장교도 그가 마음에 들었던지 말년 병장과 여군장교 사이에 사랑이 싹트기 시작한다. 박봉성은 제대를 하고 나서 서울 육군본부로 발령을 받아간 애인을 찾아가 데이트를 하기 시작한다. 둘은 결혼을 약속했지만 양가의 반대가 심해 무일푼으로 미아리 달동네에서 살림을 차린다. 그리고 6년의 동거 끝에 사진관에서 가족사진 한 장을 찍고 식을 올린다.

제대한 박봉성은 스승 오명천의 화실을 찾아간다. 정확한 정보가 없어 확인은 할 수 없지만 이 무렵 오명천은 작업실을 서울로 옮긴 것으로 보인다. 박봉성이 오명천을 찾아간 것은 서울생활은 해야 하는데 마땅히 할 일이 없었기 때문이었을 것이다. 하지만 오명천의 사정도 그리 좋지 않았다. 그는 화실을 유지하기 어려워 부득이하게 만오천 장의 크로키를 해 보라며 제자들을 모두 고향으로 돌려보낸다. 이에 박봉성도 3개월간 부산 거리에서 크로키에 빠져든다. 박봉성은 제자 중 아무도 완성하지 못한 크로키 과제를 마무리했지만 이때 무리를 해서인지 폐결핵에 걸린다. 체중도 줄었고 몸도 허약해졌지만 그림엔 자신이 붙었다. 석 달 반 만에 스승에게 돌아왔지만 스승은 그를 받아들일 형편이 되지 못했다. 박봉성은 홀로서기를 해야 했다. 박봉성은 1974년 <떠벌이 복서>를 발표하며 데뷔를 한다. 그러나 알아주는 이가 없었다. 만화가로 데뷔는 했지만 돈이 없어서 걸어 다녀야 했고 돈을 벌기 위해 만화를 포기해야 했다. 사업을 시작했으나 실패하기도 했다. 이 무렵을 전후로 박봉성은 서울 생활을 정리하고 부산으로 돌아온 것으로 보인다. 그리고 한복에 금박을 붙이는 일로 생계를 이어간다. 그러나 박봉성은 만화에 대한 미련을 버리지 못했다. 장교였던 아내는 박봉성과의 결혼을 구실로 제대했지만 부부가 같이 별다른 수입이 없어서 도시 빈민 생활을 해야 했다. 아이가 둘 생긴 1980

년에야 사진관에서 사진 한 장 찍는 것으로 결혼식을 올렸다.

어느 날 박봉성은 입에서 피를 토하고 폐결핵 말기 판정을 받는다. 아픈 몸으로 그가 그린 만화는 출판을 해 줄 곳이 없었다. 부산에서 서울까지 원고를 들고 갔지만 아무 소용이 없었다. 그는 술독에 빠졌다. 삼십 대 중반이었다. 채택되지 않은 원고를 들고 그가 출판사 복도를 서성이고 있을 우연히 만난 프린스 출판사 관계자가 원고를 보자고 한다. 원고를 보고 나서는 부산으로 내려갈 차비도 모자랐던 그에게 비행기 티켓까지 끊어준다. 그렇게 그는 생애 처음으로 비행기를 탄다. 박봉성의 재기작 〈20세 재벌〉을 출판한 출판사는 언제 부도가 날지 모를 정도로 상황이 어려웠다. 가난한 작가와 어려운 출판사가 만나 출간된 이 책은 뜻밖에 성공을 거둔다. 〈20세 재벌〉은 맨몸으로 시작해 재벌기업 최고경영자가 된 20세 청년의 이야기를 담고 있다. 다소 산만하고 군더더기도 적지 않지만 이 작품으로 박봉성은 만화계에 성공적으로 복귀한다. 이 만화에서부터 박봉성은 만화 주인공으로 최강타 캐릭터를 만들어내고 이후의 작품까지 계속해서 밀고 나간다.

2.

여기서 잠시 당시의 대본소와 만화 출판계의 사정을 알아볼 필요가 있다. 1980년대 초반 무렵 대본소를 출입하는 독자들 사이에 장편 만화에 대한 수요가 급증한 것이다. 독자들은 긴 이야기가 빨리 완결되기를 원했다. 대본소도 장편을 단기간에 완성할 수 있는 작가들을 선호했다. 반면에 빠른 시간 내에 만화를 그려내지 못하는 작가들은 대본소 입장에서 별로 도움이 되지 않았다. 이런 변화 따라 화실은 점차 분업화되고 비대해지기 시작한다. 출판사는 한 권 분량의 만화를 두 권으로 나눠 그리기를 원했고 작품의 질이 떨어질 것을 알면서도 작가들은 시장의 요구에 편승하게 된다. 이런 변화에 따라 생겨난 것이 이른바 기업형 작업실인 만화공장이다. 사업을 해본 경험이 있는 박봉성은 작업실을 확대하고 물량 공세로 대본소를 장악했다. 박봉성은 빠른 시간에 장편을 납품하기 원했던 당시의 대본소와 출판사의 요구에 가장 적합한 작가였다고 한다. 작업실은 하루 이틀 사이에 만화 한 권을 찍어내는 공장으로 변해갔다. 만화의 인기가 절정에 달했을 때 전국적으로 대본소가 1만개에 달했다. 한 달에 10권을 그려내면 일 년이면 120만 부가 팔렸다. 어마어마한 베스터셀러가 아닐 수 없다.

박봉성의 작업실은 베스트셀러를 계속해서 만들어내는 만화공장으로 변모해 나간다. 박봉성은 부산의 5층 건물을 사서 1층은 세를 주고 나머지를 화실로 썼다. 건물 안에 구내식당도 갖춰놓고 작업실을 운영했다고 한다. 여러 명이 데생을 하고 인물과 배경도 나누어 그리는 분업 체제는 많은 권수를 뽑아내는 데 효과적이었다. 다시 박봉성의 작업 이야기로 돌아가자. 사업 실패 경험을 떠올리면서 그린 1983년 작 〈신의 아들〉은 박봉성에게 커다란 성공을 가져다주었다. 박봉성은 이 만화에서 권투선수로서의 성공과 세계적 기업 경영이라는 두 가지 테마를 동시에 밀고 나간다. 주인공 최강타 외에 부 인물로 나오는 과학자의 새로운 아이디어가 기업의 미래를 결정짓는 중요한 요인으로 그려낸다. 서해안의 대규모 간척사업을 성공하는가 하면, 조립식 주택 공장을 만들어 기존 주택의 3분의 1 가격으로 대량 공급한다. 신소재 자동차와 항공기 사업 분야에 진출한 주인공은 사업가로 대성공을 거둔다. 반면 주인공에게 시련을 주었던 악덕 대기업은 몰락해 간다. 이 만화에서 주인공 최강타는 서민의 꿈을 실현시키는 영웅으로 그려지고 있다.

박봉성의 <신의 아들>, 신이라 불리운 사나이

<신의 아들>은 대히트를 기록하며 이후 박봉성이 공장형 작업실을 운영하는 반석이 되었다. 만화공장 이야기만 나오면 가장 큰 욕을 먹는 만화가가 박봉성이다. 그를 만화가가 아니라 사업가라고 비판하는 사람도 있다. 그러나 그는 백 명이 넘는 식솔을 먹여 살리기 위해 공장을 멈출 수 없었다는 이야기를 전한다. 데리고 있는 식구들이 많아 공장이 된 작업실을 정리하기 어려웠던 것이다. 시간이 한참 흐른 시점에서 그의 만화를 읽다 보면 그가 왜 공장식 작업실 운영을 그만둘 수 없었는지 상당 부분 이해가 된다. 특히 초기작들을 잘 살펴보면 그런 점을 짐작해 볼 수 있다. 그의 작업실은 만화를 그리고 싶어 하는 적지 않은 사람들의 삶의 터전이 되었던 것이 사실이다. 하고 싶은 일을 하며 생활을 꾸려나가고 싶었던, 어려웠던 시절 박봉성은 그의 꿈을 만화공장을 통해 이룬 것인지 모른다. <신의 아들>은 1987년까지 총 53권으로 출간되고 영화로 제작된다. 박봉성은 1984년에 <대물>과 <괴물>을 출판하는데, <괴물>은 상당히 재미있는 스토리로 전개되는 초창기 문제작 가운데 하나다.

<괴물>은 범죄자가 키운 재벌가의 아들이 주인공으로 이야기가 전개되는데 이는 최근 한국 드라마에서 흔히 볼 수 있는 전개방식을 떠올리게 한다. 박봉성 만화를 읽다 보면 현시점에서 텔레비전 드라마로 만들어도 재미있을 것 같은 것들이 상당히 많다. 이 만화의 주인공은 할인상점 조직을 전국적으로 확장해서 농민들에게 제값을 주고 물건

자갈치와 공동어시장을 배경으로 한 작품
<새벽을 여는 사람들> 중에서

을 사서 소비자들에게 싼 가격으로 공급한다. 유통구조 혁신을 통해 생산자와 소비자에게 모두 이득을 주는 유통 시스템을 개발해 내는 것이다. 이 만화의 앞부분에는 부산의 공동어시장이 잠깐 나온다. 그리고 김해로 가는 길에 구포를 지나가는 장면도 나온다. 이 부분을 보면서 나도 몰래 웃음이 나왔다. 구포는 한국 만화에서 지명조차 글자로 찍히기 힘든 공간이다. 이 만화는 박봉성이 서민의 생활에 얼마나 깊은 관심을 가지고 있었는지, 그리고 당대를 살아갔던 사람들의 모습을 얼마나 사실적으로 그리고 있는지 잘 보여준다. 1985년에는 <아버지와 아들> <심판> <새벽을 여는 사람들> 등을 출판하는데, <새벽을 여는 사람들>은 1988년도에 나온 <분노의 바다>와 함께 박봉성의 작품 가운데 눈여겨 봐야 할 중요한 작품이라고 생각된다.

박봉성은 <새벽을 여는 사람들>에서 자갈치시장 일대와 남부민동 공동어시장의 풍경을 보여준다. 이야기의 중심 공간이 자갈치의 시장 내의 하숙집과 생선도매상가로 그려지고 있기 때문에 우리는 이 만화에서 시종일관 부산의 풍경을 볼 수 있다. 그는 자갈치의 하숙집을 무대로 1980년대 서민들을 삶을 아주 풍부하게 그려내는데, 이런 장면들은 천천히 읽어나가는 것도 아기자기한 재미가 있다. 내가 그동안 보아온 만화 가운데 부산이 만화의 중심공간이 되는 작품은 없었다. 그래서 더욱 친근하고 새롭게 다가왔다. 이 만화에서 생선도매업을 시작한 하숙집 사람들은 투기자본의 사장농단에 대항하여 자갈치의 상권을 정상적으로 만들기 위해 노력하는데, 책을 읽다 보면 최근의 국정농단 사태가 자꾸 떠올라 실소를 금할 수 없다.

박봉성은 1986년에 〈내일을 달려라〉, 〈나는 왕이다〉 등 6편의 만화를 출간한다. 이후 그의 다작 행진은 계속된다. 1987년에는 〈캠프서의 청개구리〉 등 8편의 작품을 출간하고 1988년에는 〈분노의 바다〉 〈가진 것 없소이다〉 등을 출판한다. 〈가진 것 없소이다〉는 영화로 제작되어 1992년 개봉되기도 한다. 〈분노의 바다〉는 만화에서는 흔히 찾아볼 수 없는 원양어선을 배경으로 하고 있다. 아버지의 복수를 위해 원양어선을 탄 주인공이 아버지의 원수와 화해하고 만선으로 귀향하는 것으로 만화는 마무리된다. 작품의 주인공이 바다를 향해 출발하는 장소와 만선 후 돌아오는 귀향지는 부산이다. 만화가 시작되는 부분에서 박봉성은 부산의 두 항구를 소개한다. 그 가운데 남항이 고갈산과 천마산 사이에 자리 잡고 있다는 점을 그림으로 보여주는데 이는 부산 사람이 아니라면 그릴 수 없는 장면일 것이다. 부산을 떠나 대양에서 참치를 잡는 원양어선을 선원들의 삶을 세밀하게 그리고 있는 이 작품은 항해와 어로에 대한 깊은 지식을 담겨 있는데, 박봉성이 이 만화를 그리기 위해 얼마나 많은 사람의 이야기를 들었는지 또 얼마나 많은 공부를 했는지 짐작할 수 있다. 바다와 싸우는 뱃사람들의 모습, 참치를 잡는 특이한 기법, 돌고래와 싸우는 장면, 태풍을 피하는 장면, 모래톱에 배가 좌초된 장면 등등 실로 만화에서는 보기 힘든 재미있는 내용을 담고 있어 흥미진진하다.

<새벽을 여는사람들>, <분노의 바다> 표지

1989년 〈화개장터〉 〈아버지〉 등을 출간한 박봉성은 다작 행진은 1990년대에도 계속해서 이어져 나간다. 그러면서 그의 만화도 변해나간다. 80년대 말 우리 만화에 폭력을 소재로 한 내용이 등장하기 시작하는데, 이에 박봉성도 기업물을 유지하면서 주인공에게 킬러의 속성을 부여한 〈집행인〉을 통해 이런 흐름에 합류한다. 1990에는 그의 대표작인 〈신이라 불리는 사나이〉 등을 출간한다. 1991년에는 〈형사수첩〉 등, 1992년에는 〈캠퍼스연가〉 등, 1993년에는 〈싸울아비〉 등, 1994년에는 〈신들의 황혼〉 등, 1995년 〈잡초〉 등, 1996년 〈신이

라 불리운 사나이 2부〉 등, 1997년에는 〈신이라 불리운 사나이 3부〉 등, 1998년에는 〈공작새〉 등, 1999년에는 〈개 같은 날들〉 등을 출간한다. 2000년대에 들어서도 박봉성사단의 작업은 계속 되었다. 2000년에는 〈신이라 불리운 사나이 4부〉 등, 2001년에는 〈아파트 공화국〉 등, 2002년에는 〈혈육〉등, 2003년에는 〈제국은 없다〉 등, 2004년 〈박봉성 삼국지〉 등, 2005년에는 〈불사조의 후예〉 등을 남긴다. 지면 제한으로 열거할 수 없이 많은 만화의 목록이 생략되었다. 그가 제작한 만화는 근 500여 작품에 이르며 총 1만 여권에 이르는 책으로 출판되었다.

3.

박봉성은 80년대의 중반 무렵 만화 그리기보다는 스토리 제작과 만화사업에 몰두한다. 자신이 이야기를 만들고 그림은 문하생과 공동으로 작업하는 봉성프로덕션을 설립한 후 그는 이현세와 쌍벽을 이룰 정도로 큰 성공을 거두고 부와 명성을 거머쥐게 된다. 박봉성은 연평균 130권의 만화책을 출간하는 한국 신기록을 세웠다. 그의 작업실은 사하구에 있었으며 만화가 1백여 명이 작업실에서 일했다고 전해진다. 월급도 월 1억이 나갔다고 한다. 이런 성공에 따르는 웃지 못할 에피소드도 전해지고 있다. 부산의 한 은행직원이 그를 간첩으로 오인해 신고하는 바람에 그는 졸지에 경찰서에 가서 조사를 받은 적이 있다고 한다. 특별한 직업이 없어 보이는 그가 일정한 간격으로 거액의 돈을 은행에 예금하는 것을 이상하게 생각한 은행원이 그를 경찰에 신고한 것이다. 결국 해프닝으로 끝이 나지만 당시 가난한 만화가에서 출발한 박봉성이 얼마나 큰 성공을 거두었는지 알려주는 재미있는 에피소드다.

박봉성은 기업만화라는 장르를 개척한 것으로 유명하다. 그가 그린 다수의 작품이 기업물이다. 그의 기업만화에는 재벌그룹과 신흥기업의 경쟁구도가 흔히 나타나며 재벌의 몰락과 신흥기업의 승리로 마무리되는 경우가 흔하다. 1990년대 후반 스포츠 신문 만화열풍이 불 때 박봉성은 〈신이라 불리운 사나이〉 등의 기업만화를 리메이크하여 2000년대 초반까지 연재하며 성인층을 대상으로 인기를 끌게 된다. 그는 이 작품 외에도 신문에 여러 작품을 발표하며 만화방을 출입하지 않는 대중들에게도 널리 알려지게 되었다.

1995년에는 부산예술문화대학 출강을 했고 1999년부터는 부산문화예술대학 겸임교수로 일했고 한국만화가협회 부회장을 지내기도 했다. 부산을 떠나지 않을 것이라고 했던 박봉성은 열악한 부산의 만화 환경을 이기지 못하고 서울로 작업실을 옮긴다. 국내 만화출판시장이 어려워진 후 온라인과 해외시장을 모색하기도 했다. 2000년대에 들어서 박봉성은 소재의 다양성을 꾀했다. 요리, 디자이너, 화류계 등을 소재로 여러 가지 시도를 했다. 2001년에는 봉성닷컴을 설립하고

2003년 동료작가들과 함께 만화콘텐츠 전문기업 '대한민국 만화중심'을 설립했다. 이 무렵 가벼운 뇌출혈 증세가 있었다. 건강 문제로 그 후 담배를 끊고 등산을 자주 다녔다. 그는 고혈압과 신체 마비 증상 같은 건강 문제를 등산으로 극복하려고 했다. 그러던 그는 2005년 10월 15일 북한산을 오르다 심장마비로 유명을 달리한다. 56세의 나이였다. 그의 사후엔 그의 아들이 주축이 된 박봉성프로덕션에서 계속해서 만화를 출간한다.

박봉성의 만화를 읽다 보면 그가 스토리 구상을 위해 많은 사람을 만나고 많은 독서를 했으며, 신문을 특히 열심히 읽었으리라는 것을 추측해 볼 수 있다. 그의 작업실에는 여러 종류의 신문이 배달되었을 것이고, 애주가였던 그는 술자리에서 다른 사람의 이야기를 경청하는 귀 밝은 청중이었을 것이다. 그의 만화 중에는 그가 만났던 사람들의 육성을 담은 것도 있고, 상상에 의해 스토리를 전개해 나간 것도 있다. 나는 전자의 만화들이 더 좋다. 특히 1980년대를 살았던 서민들의 삶을 그려낸 그의 만화는 좋다. 박봉성은 아들에게 맞담배를 권할 정도로 개방적인 사람이었고 좋은 생각이 떠오르면 때와 장소를 가리지 않고 스토리를 썼던 성실한 작가였다. 출판 여부와 관계없이 스토리에 따라 그림을 그려나갔던 젊은 시절 그의 열정은 그가 제작한 만화마다 히트를 기록하게 된 밑바탕이 되었을 것이다.

5. 그림의 생명은 감동에서 나온다, 박재동

김대갑 | 여행작가

생각을 그리다 문화가 되다
부산의 만화

1. 시사만화와 시사만화가

만화(漫畵)를 글자 그대로 풀이하면 참 재미있는 말이 된다. 만(漫)은 질펀하다, 어지럽다, 흩어진다는 뜻이다. 결국, 문자로만 보자면 뭔가 어지럽고 질펀한, 그러면서 어딘가 음험한 느낌을 주는 그림이란 말이다. 이런 이유인지는 몰라도 만화는 여러 예술 장르 중에서 칭찬보다는 비난을 약간(?) 많이 받은 매체였다. 툭하면 동네북 신세가 되어 불량만화 없애기 운동으로 수난받고, 어린이 정서를 해친다고 찢기고 불태워졌다. 허나 한편으로 만화만큼 대중들이 사랑하는 매체가 또 어디 있을까?

만화는 대중들이 가장 좋아하는 매체 중의 하나이다. 아무리 어려운 내용도 만화로 풀이하면 누구나 편하게 생각한다. 신문도 예외가 아니다. 한자투성이인 세로쓰기 신문은 웬만한 학력이 없고서는 접근하기 어려운 때가 있었다. 그때 학력에 관계없이 누구나 쉽게 접하는 것은 바로 네칸 짜리 시사만화였다. 초등학생이라도 신문 한 귀퉁이에 그려진 시사만화를 보고 낄낄대곤 했다.

만화는 태생적으로 대중적이며 자유롭다. 붓과 펜으로 그려낸 만화의 놀라운 대중성은 여태껏 인류의 옆을 지켜왔고 앞으로도 그럴 것이다. 인류의 조상들이 동굴에 아무렇게나 그린 그림 역시 漫畵이지 않았던가? 반구대 암각에 새겨진 호랑이, 고래, 사슴, 사람의 모습 또한 만화였다. 만화의 역사는 곧 인류의 역사에 다름 아닌 것이다.

근대 만화의 출발은 시사만화라는 것이 일반적인 견해이다. 18세기 윌리엄 호가든의 풍자화가 만화의 시작이라고 하며 이 만화는 곧 시사만화였다. 정치 현실이나 사회 모순 등을 희화화하여 비판하는 시사만화. 시사만화가는 한 컷 또는 네 컷의 짧은 사각형 안에 촌철살인의 유머를 대중들에게 선사한다. 한국 현대사를 통틀어 가장 많은 시사만화 팬을 확보한 사람을 들라고 하면 평자들은 주저 없이 박재동 화백을 손꼽을 것이다.

2. 박재동 화백은 누구?

그리스 크레타 섬 출신의 소설가, 니코스 카잔차키스를 알고 있는가? 그는 자유로운 영혼이자 천하의 풍운아인 그리스인 조르바를 탄생시켰다. 그가 창작한 소설, '희랍인 조르바'는 바로 그 자신의 이야기였다. 산투르라는 악기를 어깨에 걸머지고 세계를 돌아다니며 자유를 만끽하는 조르바. 그는 카잔차키스의 분신이자 아바타였다. 치유 불가능한 자유주의자였던 카잔차키스. 그의 묘비명에는 이렇게 적혀 있다고 한다.

"나는 아무것도 바라지 않는다. 나는 아무것도 두려워하지 않는다. 나는 자유다."

우리 시사만화계에도 카잔차키스 못지않게 시대의 경계를 뛰어넘은 자유로운 영혼이 존재한다. 작은 수첩이나 공책, 혹은 캔버스에 그가 창조한 그림은 하나의 우주였다. 요즘으로 치면 뇌 구조가 독특하다고 생각되는, 남들과 전혀 다른 그림을 창조한 그는 진정한 자유주의자이자 예술가였다. 그는 바로 한국 시사만화계의 중흥기를 가져왔다고 평가받는 풍운아 박재동 화백이다.

3. 만화의 강물에 퐁당 빠졌던 어린 시절

아이들은 학교를 마치면 너나 할 것 없이 동네 어귀에 모여 온갖 장난을 치며 놀곤 했다. 그러다가 배가 고프면 아이들은 누구에게 질세라 집으로 마구 달려갔다. 어른들이 모두 일하러 가신 터라 정적만이 난분분하게 날리고 있는 시골집. 어린 박재동은 부엌으로 들어갔고 소쿠리에 수북이 담긴 보리밥을 꺼내 고추장에 쓱쓱 비비기 시작했다. 우물에서 떠온 물 한 바가지로 목을 축이면서 꿀꺽꿀꺽 삼키는 보리밥은 그 얼마나 맛있는지! 박재동 화백은 그 순간이 너무 즐겁고 행복했다고 기억한다. 울주군 범서면의 고즈넉한 마을에서 6·25동란동란 중에 태어났던 그였다.

박 화백이 초등학교 1학년이었을 때, 그는 큰 사고를 치게 되었다. 그는 방 안에서 바다를 보았고 불현 듯 파도를 그리고 싶었다. 그림을 그리고 싶었으나 집 안에는 종이도 연필도 없었다. 어린 박 화백의 눈에 뜨인 것은 작은 송곳이었다. 어린 박 화백은 장판에 송곳으로 점을 찍어 파도를 그리기 시작했다. 그림을 그리면서 아이는 자신의 창의적인 아이디어에 스스로 감탄했단다. 허나 부모님이 돌아오실 시간이 되자 아이는 은근슬쩍 걱정되었다. 장판을 망쳐놨으니 분명 아버지에게 야단을 맞을 것이 분명했다. 마침내 아버지가 들어오셨고 그는 눈을 질끈 감고 아버지의 처분을 기다렸다. 그런데 이게 도대체 웬일일까?

아버지는 박재동의 그림을 보고는 '참 잘 그렸네.'라고 하셨다.

호오, 이 말이 어린 박 화백에게 그 얼마나 감동적인지. 야단맞을 줄 알았던 박 화백에게 아버지는 오히려 용기를 북돋워 주었다. 박 화백은 당시 어린 마음에도 아버지가 너무 고마웠고 다음에는 장판을 송곳으로 찌르지 않았다고 한다. 이런 그의 정서는 그가 어른이 되어서도 고스란히 나타나게 된다. 미술 교사 시절, 그는 아이들에게 용기를 북돋워 주고 그들의 재능을 칭찬하는 인기 만점의 선생님이었다.

박 화백의 아버님은 범서초등학교에서 교사 생활을 하셨는데 보충수업을 하시다가 열악한 환경 때문에 폐결핵에 걸리게 되었다. 요즘으로 치면 일종의 산업재해를 당하신 것이다. 할 수 없이 학교를 그만두고 부산의 병원에 입원하셨단다. 퇴원한 아버지는 어머니와 함께 부산 전포동에서 만화방을 하셨고 빙수와 풀빵을 파는 군것질 가게를 함께 하셨다고 한다. 당시 박 화백은 시골에 있었는데 아버지가 가끔 만화책을 그에게 갖다 주었다고 한다.

박 화백은 초등학교 3학년에 부산의 부모님 곁으로 오게 된다. 어린 박 화백이 아버지 곁으로 오니 세상에 자신의 집이 바로 만화방이 아닌가! 아버지가 갖다 주신 만화책을 너무 재미있게 봤던 그에게 자기 집이 만화방을 한다는 것은 바로 천국을 만난 것이나 다름없었다. 게다가 풀빵이며 도너츠, 꽈배기까지 양껏 먹을 수 있었다.

박 화백은 당시 자신은 천국의 소년이었지만 한편으론 만화에 대한

부정적인 인식 때문에 정체성 혼란도 겪었다고 한다. 자신은 만화책을 너무 좋아하고 또 부모님이 그걸로 자신과 동생들을 먹여 살리고 있었다. 그런데 세상 사람들은 불량만화라고 하면서 만화를 악의 구렁텅이로 비난하니 그럴 만도 했을 것이다.

그때 박 화백은 산호 선생의 라이파이를 너무 재미있게 읽었고 현재 라이파이 동호회 회장직을 맡고 있다. 또한 약동이와 영팔이, 엄마 찾아 삼만리, 고우영의 삼국지와 초한지, 짱구박사 같은 만화를 많이 봤다고 한다. 그는 자신이 한국에서 가장 많은 만화 독서량을 가지고 있을 거라고 자부했다. 하루에 최하 15권 이상, 일 년이면 오천 권 이상을 봤다고 하니 거의 몇만 권의 만화책을 읽었다는 것이다. 이런 엄청난 만화 독서량은 나중 그의 창작 활동에서 엄청난 자양분이 되었다. 실제로 그는 한겨레 그림판에 시사만화를 그리면서 그 이전까지는 잘 보이지 않았던 기법을 사용했다. 이른바 '말풍선과 액션' 기법을 집어넣은 것인데, 이것은 그가 어릴 때 보았던 만화책에서 따온 것이라고 한다.

한국 만화에서 말풍선 기법을 최초로 쓴 사람은 코주부 삼국지를 쓴 김용환 선생이었다. 그 이전의 만화는 그림 한 칸을 반으로 나누어 설명문을 조밀하게 집어넣은 형식이었다. 말이 만화지 그림 소설과 진배없었던 것이다. 〈코주부 삼국지〉는 캐릭터의 표정과 동작, 말투로 이야기의 흐름을 주도했던 것이다. 박 화백은 이런 말풍선 기법을 시사만화에 도입하여 친근한 느낌을 주었고, 등장인물을 보다 생생히 그려낼 수 있었던 것이다.

소년 박재동은 엄청난 만화 독서량을 통해 선배들의 만화 기법을 자연스레 체득하게 되었다. 순연한 마음으로 만화 삼매경에 빠졌던 그였기에 그의 만화는 자유로운 색채를 띠게 된 것이다. 이때 그가 본 만화책들은 따뜻한 정서와 사람 사이의 정을 많이 그렸다. 이런 정서는 후일 그가 만화가가 되었을 때 그의 만화 세계를 관통하는 하나의 특징으로 자리 잡았다.

4. 생애 첫 만화책을 만들다.

초등학교 때 매일 엄청난 양의 만화를 보면서도 소년 박재동은 제법 공부를 잘했다. 그 당시 명문이었던 부산중학교에 당당히 합격한 것이다. 중학생이 되자 그는 그림을 열심히 그렸으며 차츰 영화의 세계로 빠져들었다. 당시 유명 배우였던 신성일, 문희, 남정임이 출연했던 한국영화는 물론이고 헐리우드 영화에도 푹 빠졌다.

황야의 무법자와 장고 시리즈, 대추적 같은 영화를 보면서 박재동은 만화와 영화에 나오는 스토리를 스펀지처럼 흡수했다. 이렇게 흡수한 스토리들은 그로 하여금 스토리의 기본 얼개를 알 수 있게 해주었다.

만화책과 영화에 너무 빠져 있었던 탓인지 그는 고등학교 입시에 줄줄이 낙방하고 만다. 공부는 완전 뒷전이고 신나는 일에만 몰두했으니 어찌 보면 당연한 결과였다. 하나를 얻으면 하나를 잃는다는 말처럼 그는 스토리를 얻었지만 고등학교 입학이라는 것을 잃게 된 것이다. 그러나 이것은 후일 그의 인생에서 잃은 세월이 아니라 얻은 세월이라는 것이 밝혀졌다.

박재동은 고등학교 입시에 떨어지면서 약간의 방황을 하게 된다. 친구들은 모두 학교에 다니는데 그는 혼자서 공원을 거닐면서 외로운 시기를 보낸 것이다. 그때 그의 스산한 마음을 달래준 것 역시 만화책이었다. 시간이 남아돌면서 그에게는 자연스레 만화 스토리가 떠오르게 되었다. 자신의 고향을 무대로 해서 초등학교 5학년생을 주인공으로 한 이야기였다. 술주정뱅이 아버지 때문에 공납금도 못 내는 소년이 좌절을 딛고 희망을 찾는다는 내용이었다. 114페이지로 이루어진 이 만화책은 그가 최초로 완성한 만화책이었다. 이 만화책의 제목이 바로 '내 가슴에도 봄은 왔습니다' 였다. 당시 그의 나이 17살 때였다. 박 화백은 그때 자신이 창작한 이 만화로 재수 생활의 아픔이 치유되었다고 말한다.

그는 이 만화책을 완성한 것이 오늘의 자신을 있게 만든 원동력이었다고 자주 고백했다. 때론 쓴맛을 보고 좌절하는 것이 인생에서 소중한 경험이 된다는 것이다. 그는 당시 서면의 학원에서 재수 생활을 했는데, 어둠의 뒷골목 생활을 경험하면서 인생의 이면을 알게 되었다는 것이다. 만일에 자신이 바로 고등학교에 들어가고 학생이 되었다면 자신은 결코 만화가가 되지 않았을 것이라고 단언했다. 시험에 떨어지면서 많은 시간이 생겼고 자신이 가장 잘하는 것이 바로 그림이라는 사실을 새삼 깨닫게 되었던 것이다.

박재동 화백의 첫 만화
'내 가슴에도 봄은 왔습니다'

5. 부산고등학교 미술부에 들어가다

박재동 화백은 재수 생활을 거쳐 당시 명문인 부산고등학교에 들어가게 된다. 그의 벼락치기 공부 방법도 재미있다. 재수 생활 역시 만화와 영화에 빠져 살았는데, 시험을 20일 앞두고 문제집만 들고 팠다는 것이다. 매일 계속해서 푸니까 어느 순간 시험 문제에 대한 감이 저절로 왔다고 한다. 물론 시험이 끝나면 몽땅 잊어버리는 것이지만. 어쨌든 그는 대망의 부산고등학교에 들어갔고 미술부 생활을 시작하게 되었다.

그의 고교 시절도 순탄치 않았다. 미술부 생활을 하면서 매일 패싸움에 동원(?)되었고, 기타에 빠져 살았으며 화실에 살다시피 했다. 당연히 성적은 뚝뚝 떨어져서 고등학교 1학년 때는 전교 꼴찌까지 했다는 것이다. 그때도 박 화백의 아버님은 '일등이 있으면 꼴찌도 있는 법이지'라고 하시면서 아무 말씀 안 하셨다고 한다.

아버님의 말씀 덕분인지 박 화백은 스스로 이건 너무하다는 생각에 열심히 공부해서 성적을 올렸다고 한다. 그때 그는 신창효 선생님이 운영하는 화실에 들어가게 되었다. 화실에 들어가게 된 과정 또한 재미있다. 그때 선생님은 여학생만 받고 남학생을 안 받는다고 했단다. 남학생들은 사고만 친다고 하면서. 그는 그럴 수는 없다고 하며 친구들을 우루루 몰고 가서 무단으로 화실에 들어가서 그림을 그려댔다고 한다. 그걸 본 선생님이 너털웃음을 지으면서 제자로 받아 주었다고 한다. 역시 그는 타고난 풍운아 기질이 있는 게 분명했다.

매우 가난한 예술가였던 신창효 선생님은 돈이 없는 박 화백에게 화실 일을 도우라고 하면서 그림을 가르쳐 주었다. 지금 생각해보니 신창효 선생님은 매우 진보적인 분이었다고 박 화백은 말했다. 당시 박 화백의 부모님은 여전히 만화방과 분식집을 하셨다. 어머니는 만화방 하는 집안 자식 티를 안 내려고 자식들은 매우 깔끔하게 키우셨다고 한다. 도시락 반찬도 예쁘고 고급스럽게 해주셨고 좋은 옷을 입혀주셨다고 한다. 아버님이 간경화를 앓으셨는데 어머님은 하루 3시간 잠을 주무시면서도 남편과 자식들을 뒷바라지하셨다.

당시 고등학생들의 미술 실력은 매우 수준이 높았다. 그 역시 각종 미술대전에 나가 입상도 하면서 미술부 활동을 많이 했다고 한다. 또 경남여고생과 파트너가 되어 각종 시화전에도 참여하면서 낭만적인 고교 시절을 보내었다. 마침내 그는 순전히 그림 실력만으로 대망의 서울대학교 미대에 입학하게 된다.

6. 여유만만했지만 배고팠던 대학시절

박 화백이 서울대학교에 들어가게 된 과정도 흥미롭다. 당시 전국적으로 미술대학이 별로 없었다고 한다. 홍익대와 서울대, 중앙대 정도였다는 것이다. 당시 그는 그림만 그릴 수 있다면 전국 어느 대학이라도 상관없다는 심정이었다. 학교를 고르는 기준도 명문대를 따진 게 아니라 등록금이 기준이었다. 홍익대와 중앙대 등 사립학교는 서울대에 비해 등록금이 두 배 이상 비쌌다. 그는 등록금이 비교적 싼 서울대학교를 골라 시험을 쳐서 들어가게 된 것이다.

그는 어릴 때부터 만화를 보면서 데생 실력을 키웠고 누구보다도 그림에는 자신이 있었다. 미술대는 예비고사에서 수학, 영어를 안 쳤던 시절이라 그는 순전히 그림 실력 하나로 서울대 미대에 들어가게 되었다. 원체 그림 실력이 출중했던 그는 미대에서 동양화를 전공하면서 일취월장하게 된다. 유홍준 교수는 박 화백을 서울대에서 동양화를 전공하고, 이후 유화와 수채화 작업을 거치면서 동서양화의 묘법을 모두 터득한 사람이라고 평한 바 있다. 이런 과정을 거쳐 쌓인 그의 탄탄한 그림 실력은 나중 한겨레 그림판을 통해 유감없이 발휘된다. 세밀한 인물묘사를 중심으로 한편의 잘 그려진 그림을 보는 듯한 느낌을 대중들에게 주었던 것이다. 펜 선보다는 붓선으로 한국적 정서를 담는 그림이었기에 폭발적인 호응을 얻은 것이다.

그가 기억하는 대학 시절은 경제적으로 무척 곤궁했다. 배가 고프면 물로 배를 채운 적이 있을 정도였다. 회식 자리가 있으면 밥을 잔뜩 먹고 하루 견디고. 그때는 다들 배고프던 시절이라 그와 같은 대학생들이 무척 많던 시절이었다.

그는 대학생 시절에도 그리 평범한 학생이 아니었다. 미술대 수업이 재미없으면 냅다 강의실을 빠져나가 혼자서 학교 뒷산을 어슬렁거렸다. 당시 서울대 미대는 공릉동에 있었고 주변이 논밭 천지였다. 박 화백은 야산 근처를 배회하다가 자기처럼 어슬렁거리는 친구를 만나게 되었다. 그 친구 역시 수업이 재미없어서 강의실을 뛰쳐나왔던 것이다. 그가 바로 '달마가 동쪽으로 간 까닭으로' 영화를 제작한 배용균 감독이었다. 야산에서 만난 두 사람은 그날부터 의기투합하여 절친이 되었다. 늘 붙어 다니며 우정을 다진 두 사람은 만화와 영화 이야기로 날밤을 지새우는 사이가 되었다. 배용균 감독은 고등학교 때부터 영화를 구상했으며 벤허를 구십 번 봤을 정도로 영화에 조예가 깊은 친구였다.

배용균 감독은 박 화백을 영화 주인공으로 삼겠다고 말했으며 그는 그저 흘러가는 말로 들었다고 한다. 당시 박 화백은 머리를 빡빡 민 상태라 배 감독의 영화에 나올 젊은 승려 역할에 제격이었던 것이다. 재미있는 것은 나중 박 화백이 교사 생활할 때 실제로 배 감독이 찾아와서 영화의 주인공이 되어 달라고 했다는 것이다. 그 말을 들은 박 화백은 순간 겁이 덜컥 나서 배 감독을 피해 잠수를 탔다고 한다. 자신은 그림쟁이가 되어야 하는데 영화배우로 유명해지면 어쩌나 하면서. 그 사건 때문에 두 사람은 잠시 서먹한 사이가 되고 말았단다. 영화 '달마'는 배 감독이 혼자서 각본을 쓰고 감독과 조명, 촬영, 편집을 도맡아서 세상에 나오게 되었다.

1989년에 발표된 이 영화는 당시 영화계를 발칵 뒤집어 놓을 정도로 화제를 일으켰다. 배 감독 혼자서 감독, 촬영, 조명, 편집을 함으로써 영화는 집단창작이라는 고정관념을 깨트렸던 것이다. 회화적인 화면구도와 상징적인 묘사가 중심을 이룬 독특한 영화이기도 했다. 후일 이 영화는 로카르노국제영화제에서 그랑프리인 황금표범상을 받을 정도였다.

대학 시절 박 화백은 배 감독과 더불어 민중미술가인 강요배 화가와 함께 삼총사를 이루었다. 세 사람은 시간적 여유가 넘치는 미술학도 시절을 보내며 막걸리와 파전으로 날 밤 까는 대학 시절을 보냈다. 당시만 해도 박 화백은 정치나 사회 문제에 그리 큰 관심이 없었다고 한다. 그는 그런 문제보다는 나는 무엇인가, 예술이란 무엇인가 등에 더 관심이 많았던 것이다. 가끔 학우들의 시위현장을 못 본 척 지나가면서 어딘가 모를 미안함을 느꼈다고 한다. 이런 그의 부채 의식은 늘 짐이 되었다가 결국 그가 시사만화계에 발을 들여놓는 계기로 작용하게 된다.

대학을 졸업한 박 화백은 부산에서 방위 생활을 하면서 밤에는 작은 화실을 운영하게 되었다. 그 과정에서 자신에 대한 반성과 자아 탐구를 하고자 거제도로 무전여행을 가게 된다. 잠시간의 방랑을 끝낸 그는 다시 서울로 올라가서 휘문고등학교 교사 생활을 시작하게 된다.

7. 교사시절, 그리고 민중미술에 눈을 뜨다

휘문고 교사를 하면서 그는 희한한 미술선생으로 유명했다. 워낙 자유분방한 그인지라 제도적인 학교 수업은 그의 예술적 영혼과 잘 맞지 않았던 탓이었다. 그는 독특하면서도 재미있는 수업을 하게 된다. 아이들에게 교과서를 덮으라고 말하고는 돌탑 쌓기, 종이비행기

날리기 등을 시켰다. 또 돌에다 그림 그리기, 병뚜껑 날리기, 연못 한 바퀴 돌고 오기 등 도저히 수업과 상관없는 것을 했으니 학교 측이 좋아할 리 만무하였다. 결국, 그는 학교 측과 사사건건 부딪치다가 장렬히 해고를 당하고 만다.

휘문고에서 쫓겨난 그는 다시 중경고등학교에 미술 교사로 부임하게 된다. 다행스럽게도 그는 그곳에서 학교 측과 적당히 타협하면서 자신만의 수업을 가르치는 교사가 되었다. 운 좋게도 마음이 통하는 교장을 만나 학교 축제와 밴드를 부활시키면서 인기 만점의 선생이 되었다. 아이들과 눈사람 만들기도 하고 가을이면 단풍을 주워 수업하기도 했다. 그는 아이들의 자율성을 신뢰하는 선생님이었고 아이들에게 모든 것을 맡기자는 파격적인 주장을 펼쳤다. 이런 그의 획기적인 생각 탓인지 후일 그는 교육계 혁신학교 운영위원장을 맡기도 했다.

박 화백은 자신의 라이프 스토리 중에서 민중미술에 눈을 뜬 것을 제일로 친다. 한마디로 인생의 큰 전환점이 되었다는 것이다. 그가 민중미술에 눈을 뜨게 된 계기도 무척 흥미롭고 한 편의 소설과 같은 이야기이다.

그가 휘문고 교사이면서 미술학원 강사를 할 때였다. 제자 중에 어떤 학생이 있었는데 이 제자와 영혼이 맞았는지 급속히 친해졌다고 한다. 어느 날 그 학생이 박 화백의 뒤를 몰래 밟는 사건이 벌어진다. 당시 박 화백은 여전히 기행을 일삼았다. 강남이 개발될 때 구석진 땅에

조잡한 판잣집을 직접 지어 그곳에서 먹고 자고 했다는 것이다. 딱 한 명만이 누울 수 있는 공간이었다. 그때 박 화백을 희한한 선생이라고 생각한 그 학생이 그의 뒤를 은밀히 밟아 판잣집까지 따라온 것이다.

그 학생은 어렸지만 일찍부터 사회현실에 눈을 뜬 매우 진보적인 학생이었다. 그는 박 화백의 그림을 보면서 한마디로 삶과 역사가 없는 그림이라고 비판했다는 것이다. 그런데 그 말이 박 화백에겐 엄청난 충격파를 던진 모양이었다. 당시 그는 철학적이면서 영적인 그림을 자주 그렸다. 현실과 완전히 동떨어진 그림을 많이 그렸던 것이다. 동그라미 하나 그려놓고 우주의 중심이라고 주장하고 목성의 소행성 풍경 같은 기이한 그림을 그렸다. 그는 예술을 위한 예술을 추구했던 예술 지상주의자였던 것이다. 그런 그에게 이상한 학생이 나타나서 선생님의 그림에는 이 땅의 역사도 없고, 사람들의 치열한 삶도 없다고 비판하자 엄청난 충격을 받았다는 것이다. 가만 생각해보니 자신의 조부모님들은 농사를 지으면서 손자를 키웠고 부모님들도 민중적 삶을 살면서 자식들을 공부시킨 것이 아닌가? 어떤 관념을 철저히 믿은 사람은 그 관념이 허무하고 보잘것없다는 것을 깨닫는 순간 급속도로 정신적 전환을 맞게 된다. 박 화백도 그 학생의 말을 듣는 순간, 철옹성 같던 자신의 예술관이 유리 조각처럼 와장창 부서지는 느낌을 받았다는 것이다. 그의 그림은 비로소 우주에서 지상으로 내려오게 된 것이다.

그는 그때부터 본격적으로 민중미술의 세계로 뛰어들게 된다. 또한

5·18 민중항쟁이 그에게 미친 영향 또한 간과할 수 없었다. 당시 많은 예술가가 5·18을 겪으면서 민중예술의 세계로 뛰어든 것과 무관하지 않았다. 그 후 그는 강요배 화가의 추천에 의해 '현실과 발언'이라는 민중미술단체에 들어가게 된다. 민중미술의 신호탄을 쏘아 올린 '현실과 발언'은 1980년 10월에 동숭동에서 첫 전시회를 열면서 탄생했다. 이 단체는 서구 미학 개념을 벗어나 우리 미술에서 민족 미학의 근원을 찾고자 했다. 또한 미술을 통해 민중현실에 대해 발언하고자 했다. 박화백은 교사 생활을 하면서 임옥상, 박을동, 강요배, 오윤 등과 함께 활동했다.

박화백은 중경고등학교 교사 시절이 인생에서 가장 행복한 순간이었다고 회고했다. 안정된 수입이 있었고 아이들에게 많은 사랑을 받았기에 모든 것은 무척 평화로웠다. 이즈음 그는 평생의 반려자를 만나기도 한다. 맞선을 통해 만난 그의 부인은 현재 배우인 김선화 씨다.

어느 날 그는 교무실 의자에 앉아 지는 해를 바라보았다. 붉은 놀이 너무 아름다웠고 아이들에게 준 사랑은 백배가 되어 그에게 돌아온다는 생각이 들었다. 아, 이렇게 행복할 수 있을까? 그런 생각을 하면서 그는 불현듯 불안해지기 시작했다. 내가 이렇게 행복해도 괜찮을까, 내가 이렇게 많은 사랑을 받아도 되는 건가, 나는 그림을 그려야 하는데, 그림을 그리지 않으면 불안해야 하는데 왜 불안하지 않는 거지……

결국, 그는 학교를 그만두기로 결심하고 만다. 이런 상황은 미술선생으로서는 행복할지 몰라도 그림쟁이로서는 불행하다는 생각이 들자 미련 없이 사표를 던진 것이다. 그리고 그의 본업인 그림에 충실하기 위해 강요배 화가와 함께 일러스트 회사에 들어가게 된다. 1988년이 되자 한겨레신문사가 창간되었는데 그의 그림 실력을 잘 알던 후배의 추천으로 그는 한겨레신문사에 시사만화가로 입사하게 된다. 그때부터 그는 완전 다른 인생을 살게 된다. 국민 성금으로 탄생한 한겨레신문사는 군사정권 아래에서 그가 민주화 운동을 할 수 있는 좋은 마당이었던 것이다.

8. 시사만화가로 입지를 굳히다

그는 사석에서 이런 이야기를 하곤 했다. 시사만화가가 되기 위해서 한겨레신문사에 입사한 게 아니라 자신의 재능을 민주화 운동에 쓰겠다는 생각으로 입사했다고. 그는 오래전부터 민주화 운동에 대한 일종의 부채 의식을 갖고 있었다. 청년 시절에 학교에서 학생운동을 하던 친구들을 외면했던 것이 늘 짐이 되었다고 한다.

신문은 여태껏 그가 경험한 그림과 만화의 세계를 한층 업그레이드하는 훌륭한 장치였다. 그전까지 그의 그림들은 전시장에서 몇몇 사람들만 보는 제한된 것이었다. 반면 신문은 그의 만화를 수십 만 명의

한겨레에 실린 첫 만평

사람들에게 동시에 보여주는 대중적인 매체였다. 그걸 실제로 경험했을 때 느낀 쾌감은 굉장한 것이었다. 그건 시대의 아픔을 동시에 전달하는 매개체이자 삶의 치열함과 매력을 부여하는 것이었다.

박재동의 시사만화는 여러 점에서 이전의 시사만화와는 확연히 달랐다. 우선, 그가 그린 만평은 사실적인 묘사를 기반으로 한 정확한 데생이었다. 어릴 때부터 다져 온 탄탄한 그림 실력이 유감없이 신문 만평에 발휘된 것이다. 또한 동양화적인 선의 세계는 한국적 정서를 밑바탕에 깔고 있기에 보기에도 편안한 느낌을 주었다.

그가 그린 만평에는 인간적인 정과 감동이 넘쳐났다. 한 소녀가 밤에 언덕바지 집 앞에서 동생으로 보이는 소년에게 이렇게 말한다. '저 태양을 좀 봐, 꼭..... 환풍기 같지.' 박재동은 이 그림을 통하여 톨루엔 공장에 다니던 한 소녀의 정신질환 증세를 아프게 드러낸 것이다. 밤에 태양이 어떻게 보이며, 그 태양이 또 환풍기처럼 어떻게 보이겠는가? 그가 이 만평에서 드러내고자 하는 것은 산업재해의 심각한 단면이었다. 박재동의 서정적 만평은 대중들의 정서를 파고들었다. 그렇기에 그의 만평에 사람들이 진한 감동과 페이소스를 느낀 것이다.

그의 만평 중 수작이라고 일컬어지는 골프장 만평은 또 어떤가? 그는 이 만평에서 천부적인 스토리텔러의 재능을 유감없이 발휘했다. 판자촌이 즐비하게 보이는 잔디밭에서, 부자들이 골프장 지을 땅도 없는데 집이 자꾸 늘어난다고 걱정하는 만평은 촌철살인의 극치라고 할 수 있다. 그가 말하고자 하는 것은 마구잡이로 늘어나는 골프장 허가를 비꼰 것이었다. 그는 의도를 숨기고 역설적인 어법을 구사하여 빈부 격차를 극명하게 보여주고자 했다. 박 화백은 그림만 잘 그리는 만화가가 아니라 몇 마디 말로 그림의 효과를 배가시키는 탁월한 스토리텔러였던 것이다. 그가 즐겨 쓰는 말풍선이야말로 촌철살인의 효과를 상승시켜주는 박재동표 만평인 것이다.

앞서 보았듯이 그는 어릴 때부터 엄청난 양의 만화를 읽은 사람이었다. 우리가 어릴 때 본 명랑만화들은 평범한 사람들의 이야기였다. 독고탁이 그랬고, 약동이와 영팔이, 땡이, 짱구박사 등 우리 주변에서 흔히 보는 캐릭터들이 정서와 감동을 그려냈다. 박재동은 어릴 때 본 만화들에서 이미 그런 서정성을 내포한 것이다. 만화의 선만 보고도 누구의 작품인가 금방 알았을 정도로 감별력이 생겼던 그였다. 그의 마음에 내재된 것은 이웃들의 따뜻한 정과 사랑이었다. 그는 말했다. 감동은 사랑의 세계, 참의 세계에서 우러나오는 것이라고, 그것이 바로 그림의 생명이라고.

박재동 화백은 한겨레신문사에 근무하면서 몇 차례 협박도 받았다고 한다. '네 배에는 칼이 안 들어가나?'라고 협박하는 놈도 있었다. 집 앞을 나서면서 어디선가 기습을 받을 수도 있겠다는 생각도 많이 들었다. 그는 그런 것에 별반 개의치 않았다. 그래 찌를 테면 찔러라 하는 심정으로 만화를 그렸다는 것이다. 아마 그의 이런 배포는 재수 시절 잠시 어둠의 세계를 맛본 경험에서 나온 것인지도 모른다. 그때의 어렵고 힘든 시절을 견뎠기에 시사만화가로서 받았던 협박도 하나의 해프닝으로 넘어갈 수 있었던 것이다.

누가 뭐래도 박재동 화백의 만평은 재미있다. 각 대학교 대자보에는 박 화백의 만평이 복사되어 커다랗게 실렸다. 민주운동단체의 집회나 행사에도 그의 만평은 어김없이 소도구로 활용되었다. 그만큼 그의 만평은 대중들의 열띤 호응을 받았던 것이다.

박재동 화백의 만평은 왜 이렇게 호응을 받았을까? 황지우는 박재동이 창조한 인물의 성격이 선악 이분법적 '관상'에 의해 구별된다고 분석했다. 권력자를 비롯한 기득권 세력은 악어형 얼굴이고 그에 맞서는 학생이나 민주화 투사, 양심적 교사들은 동그란 얼굴형이다. 또 평범한 서민이나 농민의 얼굴은 주름살이 강조된 모양으로 등장한다. 바로 이런 전형성이 우선 대중들에게 공감을 준다는 것이다. 여기에 덧붙여 유홍준은 좀 더 구체적으로 박 화백 만평의 대중성을 파악했다.

첫째는 한 사건의 주인공이 되는 인물을 변형, 강조하여 사건의 본질을 보여준다는 것이다. 이것은 기득권으로 대표되는 악역의 인물을 구체적인 인물로 변모시켜 은근한 비유에서 직설적 화법으로 전환시켰다는 말이다. 그래서 만화가 갖고 있는 풍자성과 통쾌감이 시원하게 발휘되었다는 것이다. 풍자의 대상이 되는 인물의 표현이 매우 사실적이니까 독자들은 그림을 보자마자 재미를 느낀다는 것이다.

둘째는 대화방식으로 엮어진 서술적 구성이라고 했다. 박 화백은 말풍선 효과를 만평에 처음 도입한 만화가였다. 그의 만평에는 대화의 맞상대가 대개 정해져 있다. 기득권 세력과 민중이었다. 그가 한겨레 창간호에서 그린 만평도 골리앗(재벌, 보수언론, 관료사회)으로 대표되는 기득권 세력과 다윗으로 대표되는 민중의 대립을 그린 것이었다. 이런 대화의 맞상대를 뚜렷하게 드러내면서 재미있게 표현된 서술적 구성이 대중들에게 커다란 호응을 얻게 된 것이다.

셋째는 민중의 생활감정을 담담하게 그려낸 것이라고 했다. 그가 그린 만평에 등장하는 소시민과 노동자, 농민은 우리 이웃의 이야기였다. 그러니 대중들이 그의 만평에 자연스레 호응하게 된 것이다.

박재동 화백은 1988년부터 8년간 한겨레신문사에서 시사만화가로 대중적 인기를 한 몸에 받게 되었지만 다시 한번 존재 회전을 감행하게 된다. 그의 말을 빌리자면, 그가 처음에 의도했던 만화로 민주화 운동에 복무한다는 생각이 상당 부분 이루어졌다고 판단했다는 것이다. 1996년은 김영삼 말기로써 이미 문민정부가 들어선 상태였고 또 김대중 정부가 차기를 잇게 되면서 어느 정도 민주화가 진척되었다고 판단한 것이다. 다른 이유로는 그가 예전부터 생각했던 애니메이션을 본격적으로 할 욕심이 났다고 한다. 물론 너스레로 말하기를 아이디어가 다 고갈되었기에 박수칠 때 떠나라는 심정이 되었다고 한다. 가장 인기 있을 때 떠나야 그가 기억된다는 것이다. 적절한 시기에 그만두는 것이 독자들에게 좋은 인상을 준다는 것처럼. 한겨레신문사를 그만둔 뒤에 그는 손바닥 아트라는 형식으로 다시 독자들을 만나기도 했다.

당시 그는 편집진에게 삼 년 전부터 그만두고 싶다고 했지만 편집진에서 절대로 안 된다고 했단다. 박 화백보다 더 좋은 실력을 갖춘 만화가가 오더라도 그하고 바꾸지 않겠다고 하면서. 겨우겨우 졸라 신문사를 그만두었지만 한겨레신문사는 그에게 6개월 동안 월급을 지급했다고 한다.

9. 애니메이션 회사를 차렸다가 교수가 되다.

한겨레신문사를 그만둔 박 화백은 애니메이션을 만들기 위해 후배들과 함께 오돌또기라는 회사를 만들게 된다. 그의 고백에 의하면 시나리오가 완성되기도 전에 먼저 회사를 만든 관계로 어려움을 겪게 되었다고 한다. 6개월이 다 되도록 시나리오가 나오지 않아 그동안 경비만 오롯이 들어갔다는 것이다. 결국 후배들이 딴 것을 찾게 되었고 그렇게 만든 애니메이션이 바로 '마당을 나온 암탉'이었다.

황선미 작가의 동화를 원작으로 한 이 애니메이션은 2011년에 개봉되어 상당한 흥행을 이루게 되었다. 그런 와중에 한국예술종합학교에서 교수직을 제안했고 그는 일순 많은 고민을 했다고 한다. 교수가 되면 아무래도 치열하게 작품 활동을 안 하게 된다는 걱정이 앞섰던 것이다. 그러나 여러 차례 제안이 왔고 안정적인 수입을 얻으면서 후진을 양성한다는 생각에 영상원 교수직을 수락하게 된다. 막상 교수가 되니 전혀 새로운 작품을 창작하게 되었고 다양한 사회 활동을 하면서 많은 사람을 만나게 된 것이 좋았다고 한다. 교수를 하면서 그전까지와는 전혀 다른 찌라시 아트나 손바닥 아트 같은 작품을 만들게 된 것이다.

10. 그와의 짧은 인터뷰

한국 시사만화는 박재동 이전과 이후로 나누어진다는 평가가 있다. 그만큼 그의 시사만화는 획기적이었다는 말이다. 그 이전의 시사만화와는 확연히 다른 것이 있었고 대중들에게 받는 호응도 그 이전과는 달랐다. 섬세한 동양화 기법을 시사만화에 도입한 박 화백의 그림은 지금도 현재 진행형이다.

다음은 그와의 짧은 인터뷰를 실었다. 그의 입을 통해 한국 시사만화의 계보와 그가 한국만화계에 바라는 입장을 들어보았다.

필자 : 선생님, 한국 시사만화의 계보에 대해 간단하게 말씀해 주시죠.

박 화백 : 우리 땅에서 최초로 시사만화를 그린 사람을 들라면 1909년에 대한민보라는 신문에 만평을 게재한 이도형 선생님입니다. 이 신문의 창간호에 만평을 그리셨는데 연미복을 입은 신사의 입에서 대한민보가 나아갈 방향을 제시하는 그림이었습니다. 이 만평의 제목은 삽화였고 목판 인쇄본이었습니다. 이 분을 1세대로 보는 거죠.

필자 : 아, 그렇군요. 그럼 그 후에는?

박 화백 : 일제 강점기를 거치면서 시사만화의 맥은 한동안 끊깁니다. 대신 독자만화라는 형식으로 저항하게 되죠. 6·25동란이 끝난 1950년대에 웅초 김규택 화백이 활동하면서 시사만화는 다시 시작됩니다. 그분의 그림 실

력도 무척 대단했죠. 신문 연재소설에 삽화를 주로 그렸고 광복 후에는 조선일보에 시사만평을 게재했습니다. 그분을 필두로 김용환의 코주부가 등장하죠. 코주부는 김용환 화백이 이십대에 창작한 것입니다. 김성환의 고바우 영감, 두꺼비 안의섭, 왈순아지매의 정운경, 이홍우, 순악질 여사의 길창덕이 대표적입니다. 이분들을 2세대로 보는 거죠. 평자에 따라서 이도형 화백은 원조라고 하고 이분들을 1세대로 보는 분도 있습니다.

필자 : 그럼 그 후에 등장하신 분이 선생님이군요.

박 화백 : 그렇죠. 저를 비롯한 새로운 세대가 2세대 혹은 3세대가 되는 셈이지요.

필자 : 현재 한겨레신문사는 권철범씨가 그리더군요.

박 화백 : 그렇죠. 권 화백도 그림 참 잘 그립니다. 요새 우리 시사만화가들이 참 잘하고 있습니다. 무척 용감하고요. 지금 아주 치열하잖아요. 현재 권 화백을 비롯해서 김용민, 권순창, 손문상, 장봉근 등이 3세대 혹은 4세대라 볼 수 있죠.

필자 : 시사만화가의 계보 자체가 참 흥미롭습니다. 우리나라 만화계의 발전을 위해서 한 말씀 하신다면.

박 화백 : 지금 현재 시사만화는 자생력이 있습니다. 요새는 영화가 잘 싸우고 있죠. 좀 안타까운 것은 요즘 신문에서 시사만화가 사라지고 있다는 것이죠. 시사만화가를 하겠다는 사람도 별로 없고 또 시사만화가 진보적이다 보니 신문사에서 잘 안 뽑는 경향도 있는 것 같아요. 요즘엔 인터넷을 통해

워낙 볼 게 많으니까 시사만화가 눈길을 못 끄는 면도 있죠. 그래서 컬러링을 한다든지 여러 시도를 하고 있죠. 제 생각에는 만평 크기를 좀 더 키우는 게 좋을 것 같아요. 또 분야별 일러스트를 도입해서 시사만화를 좀 더 세분화시킬 필요도 있어요.

필자 : 예. 좋은 말씀입니다. 또 다른 말씀은?

박 화백 : 현재 우리나라 만화계는 치열한 정글 속에서 경쟁하고 있습니다. 그러나 이런 경쟁 속에서도 우리나라 만화의 발전을 위해서는 몇 가지 필요한 것들이 있습니다. 만화도 너무 상업적인 측면만 강조하면 안 된다는 것이죠. 요새 웹툰이라는 장르는 각종 포털 사이트에서 폭발적인 인기를 끌고 있습니다. 대개 흥미 위주의 작품들이죠. 이런 작품들도 필요하지만 우리 사회의 어두운 면을 파헤치는 만화를 공적 기관에서 지원해줘야 합니다. 역사를 다루는 만화도 좋고 다양한 사회의 모습을 그려내는 만화들은 일종의 독립영화처럼 그리 대중적이지 못합니다. 예술의 다양성, 저변확대를 위해서는 이런 만화들도 정부 예산으로 지원해주는 시스템이 필요합니다. 사회적 약자를 배려한다는 측면도 있고 정권이 싫어하지만 진보적인 내용을 다루는 만화도 과감하게 지원하는 성숙된 의식이 필요하다는 거죠.

필자 : 옳은 말씀입니다. 이 사회가 좀 더 성숙해야 하는데 말이죠. 큰 돌, 작은 돌이 모여 돌다리를 만들 듯이 다양성을 인정하는 자세가 필요한 거죠.

박 화백 : 그래요. 또 내가 바라는 것은 요새 어린이를 대상으로 한 만화는 주로 학습만화가 많아요. 물론 그런 만화도 필요하지만 내가 어릴 때 보았

던 만화들처럼 낄낄거리며 웃고 즐기는 만화도 많이 나와야 해요. 이른바 명랑만화죠. 이런 만화들은 어린이들의 정서 함양에 무척 좋습니다. 친구들끼리의 우정과 사랑을 나누는 명랑만화가 많이 나와서 어린이들의 정서를 풍부하게 만들어줘야 합니다.

필자 : 예, 맞습니다. 저도 그런 명랑만화를 보면서 기분이 좋았던 적이 많았습니다. 짱구박사, 독고탁, 땡이, 홍길동, 의사 까불이 같은 만화들은 무척 즐겁고 재미있는 만화들이죠.

박 화백 : 맞아요. 이런 재미있는 만화들도 공적 기관에서 지원해주는 제도가 필요해요.

필자 : 선생님, 말씀 고맙습니다.

박 화백 : 예. 즐거운 대화였어요.

11. 한국 만화의 미래, 세계 최강 웹툰에 대하여

박 화백은 인터뷰 도중에 웹툰에 대한 이야기를 무척 강조하였다. 현재 우리나라 만화계는 유례없는 빅뱅을 맞이하였다고 말했다. 종이만화의 시대가 가고 온라인 만화의 시대로 들어갔다는 것이다. 종이만화는 나름대로 꿋꿋이 성장했지만 일본만화에 밀려 완전 쑥대밭이 된 상태이다. 그에 반해 웹툰은 우리나라가 세계 최강이고 네이버 같은 포털 사이트에는 웹툰에 도전하는 만화가가 15만 명이나 될 정도이다.

종이만화는 제작하고 유통하는데 돈이 많이 든다. 하지만 웹툰은 온라인으로 올리는 매체라서 제작비도 거의 들어가지 않는다는 장점이 있다.

누구나 다 올릴 수 있는 웹툰은 현재 우리나라가 세계 만화계의 지도자 격이다. 종이만화의 선두주자는 일본이지만 웹툰의 콘텐츠나 내용은 일본보다 월등히 앞서 있다는 것이다. 박 화백은 웹툰은 앞으로 엄청난 붐을 일으킬 것이며, 이걸 잘 개발하면 전 세계 만화계를 우리나라가 이끌 수 있다고 하였다. 그의 말대로 웹툰에 우리나라 만화계의 미래가 달려있다는 생각이 절로 들었다. 더군다나 부산에는 웹툰 작가 그룹들이 다수 포진하고 있으며 매우 열심히 활동하고 있다. 그들을 제도적으로 지원하는 방안을 모색하는 것은 곧 한국 만화계의 발전, 더 나아가 풍부한 콘텐츠 개발에 지대한 도움이 될 것이다.

박재동 화백은 시사만화를 그리면서 스스로 몇 가지 원칙을 세웠다고 한다. 첫째는 정확한 팩트에 기초해야 한다는 것이고, 둘째는 무차별한 인신공격은 하지 않는다고 했다. 셋째는 대안 없는 비판은 자제해야 한다는 것이다. 그는 이런 자신의 사상을 수많은 저서에서 여러 차례 이야기했다. '십시일반, 인생만화, 목 긴 사나이, 한국 만화의 선구자들, 어둠은 빛을 이길 수 없습니다.' 등등. 그는 타고난 스토리텔러이자 그림쟁이이다. 그의 말대로 서민들의 아픈 곳, 가려운 곳, 힘든 곳을 속 시원히 긁어주는 시사만화는 결코 사라지지 않을 것이다. 다음에 또 어떤 모습으로 그가 대중들을 만나러 올지 벌써부터 궁금해진다. 웹툰으로, 영화로, 책으로 그는 오늘도 현재진행형의 작업을 하고 있을 것이다.

6. 피라미 선생, 어리벙 씨와 함께 서민을 웃기고 울린 40년, 안기태

강동수 | 소설가

생각을 그리다 문화가 되다
부산의 만화

본론을 꺼내기 전에 먼저 고백(?)하자면 시사만화가 안기태 화백은 나와는 개인적인 인연이 있다. 국제신문사에서 13년간 함께 근무한 사이인 것이다. 전두환 정권에 의해 강제 폐간됐다가 복간을 앞두고 있던 국제신문에 내가 막 입사했던 1988년 당시 안 화백은 경쟁지 부산일보에서 근무하면서 '어리벙 씨'라는 이름의 4컷짜리 시사만화와 만평을 그리고 있었다. 그는 원래 국제신문 출신이었지만 강제 폐간 후 부산일보에서 근무하다가 복간과 함께 국제신문으로 복귀했던 다른 선배들과는 달리 여전히 부산일보에 남아 있었던 것. 당시 병아리 기자였던 나는 선배들이 "안 화백이 함께 왔으면 국제신문이 옛 명성을 찾는 데 큰 도움이 될 텐데…"하고 아쉬워하는 소리를 여러 번 들었다. 아닌 게 아니라 그가 부산일보에 연재하고 있는 시사만화는 다른 신문만화와는 격이 달랐다. 평범한 소시민인 '어리벙 씨'라는 캐릭터를 내세워 1987년 이후 민주화로 이행하고 있는 한국사회 동향과 당시 노태우 정권의 허실을 날카로운 시선으로 포착해 비판하고 풍자하고 있었던 것.

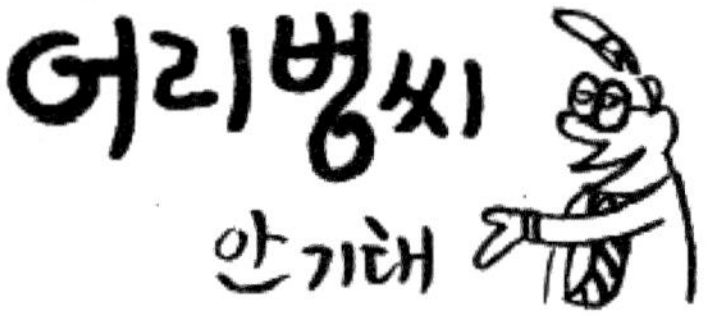

그가 마침내 1990년 국제신문으로 복귀했을 때 선배들이 기뻐하던 모습이 아직도 눈에 생생하다. 영화 '돌아온 장고'처럼 화려하게 복귀한 그는 1970년대 국제신문에 연재되면서 신문의 성가를 높이는 데 기여했던 '피라미 씨'의 연재를 재개하면서 막 복간한 국제신문이 순조

롭게 뿌리내리는 데 큰 도움을 주었다. 당시 문화부에 근무했던 나는 국장단석에 책상을 놓고 앉아 마감에 쫓겨 가며 그날 치의 4컷 만화와 만평을 그리느라 고심을 거듭하던 그의 모습을 먼발치에서 자주 지켜보곤 했다.

시사만화가 안기태는 부산, 아니 한국 신문만화사에서 그 이름을 빼놓을 수 없는 존재다. 1972년 첫 연재를 시작한 이후 2003년 현역에서 은퇴할 때까지 32년 동안 한국 사회의 숨 가쁜 격동기를 함께 호흡해 오면서 한국 신문만화의 맥을 이어온 사람이다.

1942년 일제강점기 일본에서 태어난 그는 해방과 함께 귀국한 부모의 품에 안겨 경남 마산으로 옮겨와 그곳에서 성장기와 청춘기를 보낸다. 6.25 전쟁을 전후해서는 마산 산호동에서 살며 합포초등학교에 다녔던 안기태는 그 무렵 또래가 그랬듯 만화를 탐독하며 전쟁 직후 헐벗고 가난했던 유년시절을 보낸다.

"그 당시엔 길가에 의자 몇 개 갖다놓고 널빤지에 고무줄로 끼워놓은 미국 만화를 읽곤 했지요. 미군 부대에서 흘러나온 코믹 만화를 우리말로 번역한 쪽지를 붙여놓은 만화책이었습니다. 만화 특유의 자유분방한 상상력에 매료됐던 것이지요. 그 무렵 <엄마 찾아 삼만리> 같은 만화도 봤던 것 같습니다. 중학교 시절엔 일본에서 나온 <밀림의 왕자> 같은 만화책을 탐독했던 기억도 있고요."

수업시간에 만화를 그리다 선생님께 들켜 꾸지람을 듣기도 하면서 그는 경남의 명문 마산중학교를 거쳐 마산고등학교에 진학한다. 그리고 그 무렵 시사만화가로서의 꿈을 키우기 시작한다.

"저는 처음부터 장편 극만화를 그릴 생각은 없었습니다. 시사만화가로서 네 컷 만화나 카툰을 그릴 생각이었지요. 시사만화가 가진 메시지 전달성, 날카로운 풍자와 비판 의식이 제 기질에 맞다고 생각했습니다. 그래서 고교 재학 중에도 틈틈이 시사만화를 찾아 읽고 혼자 습작도 했습니다."

4.19가 난 이듬해인 1961년 건국대 축산학과에 합격했지만, 그는 결국 대학에 진학하지는 못했다. 집안 형편도 어려웠거니와 5.16이 발발한 이후 건국대 축산학과 자체가 폐과됐기 때문이다. 짧은 서울살이를 끝내고 마산으로 귀향한 청년 안기태는 대신 '인생 대학'에 입학한다. 집안 생계도 꾸릴 겸 만화가를 위한 다양한 사회 경험을 쌓자는 생각도 있어 이후 그는 취업 전선에 뛰어들어 닥치는 대로 험한 일을 했다.

철사공장에서 일하기도 했고 용접봉 제조회사에서도 일했고, 소형 수리조선소에서 배에 달라붙은 녹을 털어내는 속칭 '깡깡이 일'도 했다. 명태나 오징어 건어물 도매상에서도 일하기도 했다.

"처음 철사공장에서 했던 일은 뭉쳐진 산업용 철사 뭉치를 기계로 돌려 바로 펴서 감는 작업이었습니다. 그런데 어느 날 숙련공이 작업하다 기계로 돌아가는 두꺼운 철사 가닥에 손이 걸려 손가락이 몇 개나 잘려나가는 것을 목격했어요. 섬뜩하더군요. 내가 그림 그려서 먹고 살아야 할 사람인데 손가락이 날아가면 어떻게 되겠어요. 그날로 그 공장을 그만뒀지요. 허허."

고달프고 힘겨운 시절을 보내면서도 그는 만화에 대한 꿈을 놓치지 않았다. 건어물 창고에서 잠을 자면서도 촛불을 켜놓고 습작을 하고 공부에도 열중했다. 그 이후엔 진해로 건너가서 초등학생 과외를 하면서 생계를 이어가다가 군부대 문관으로 일하던 형이 잡화가게를 인수하는 바람에 어머니와 형수와 함께 잡화가게를 운영하기도 했다.

"그때 잡화가게를 '소비조합'이란 이름으로 불렀는데, 요즘으로 치면 뭐 작은 마트 같은 것이지요. 새벽 다섯 시에 일어나 시장에 가서 물건을 떼 왔지요. 쌀가마니나 부식을 자전거에 싣고 이곳저곳 배달도 많이 다녔습니다."

물론 이 무렵에도 미국에서 인기 있던 칠 영의 〈블론디〉 같은 4컷 만화에 대한 공부를 놓치지 않았다. 김성환 화백이 연재하던 동아일보의 〈고바우 영감〉도 열심히 읽었다. 그런 와중에 서울의 일간지나 부산의 국제신문 등에 독자만화도 열심히 투고했다.

"한국 신문의 독자투고 만화 역사는 꽤 깁니다. 이미 1930년대에 동아일보 등이 독자만화를 실었습니다. 당시 독자만화 게재료가 석 달치 신문 구독료쯤 됐는데 요즘으로 치면 5만~6만 원쯤이나 될까. 그러고 보면 독자 투고료는 예나 지금이나 전혀 오르지 않은 것 같아요."

진해에서의 잡화가게를 정리하고 가족과 함께 부산으로 옮긴 것이 1970년대 초였다. 그리고 그의 만화인생도 이때부터 본격적으로 펼쳐진다. 당시 국제신문엔 시사만화가 박인성이 〈송사리〉란 4컷 만화를 연재하고 있었는데 안기태는 그의 조수 격으로 신문사에 상주하다시피 하면서 일을 도왔다.

"박인성 씨는 서울 사람이었는데 도자기 수집 같은 데 취미가 있던 한량 같은 사람이었지요. 나는 아무 직책도 없이 그분의 책상 옆에 자리를 잡고 앉아 삽화도 그려주고, 만화 아이디어도 내면서 1년 반쯤 붙어 있었습니다. 기자들이 나를 보고 웬 친구인가 하는 시선으로 흘끔흘끔 보곤 했는데, 당시 편집국장이 이광우 씨였는데 그는 나의 출근(?)을 모르는 체 해줬지요."

기회는 곧 왔다. 박인성 씨가 개인 사정으로 일을 그만두고 서울로 올라가자 국제신문의 시사만화가 자리가 비었다. 평소 안기태를 눈여겨봤던 이광우 편집국장이 그에게 박 씨의 후임을 맡아 달라는 제의를 했던 것. 정식으로 시사만화가로 데뷔한 순간이었다. 그리하여 1973년 11월 초 그의 출세작인 〈피라미 선생〉이 첫선을 보였던 것.

"주인공 이름을 피라미라고 지은 것은 내 만화의 주인공이 그야말로 힘없고 평범한 서민을 대표하는 캐릭터였기 때문이지요. 물고기 중에 제일 작고 별 볼 일 없는 게 피라미가 아니겠어요? 허허."

〈피라미 선생〉은 국제신문이 5공 신군부에 의해 강제 폐간된 1980

년까지 매일 빠짐없이 국제신문 지면을 장식하며 부산시민들과 애환을 함께 했다. 유신 체제 아래서 하루하루 힘겹게 살아가던 당대의 시민들은 자신을 빼닮은 듯 평범하고 무력한 '피라미 선생'이 내뱉는 촌철살인의 풍자에 열광했던 것. 시사만화가로서의 그의 성가도 자연히 높아졌다.

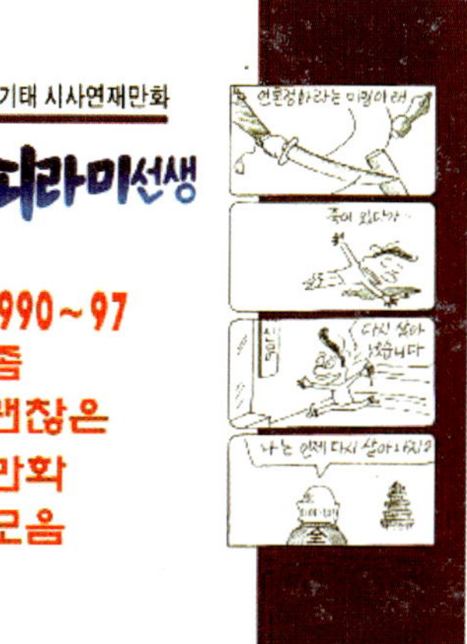

"그때는 시사만화가로서의 사명감이랄까 재미를 한껏 느꼈던 시절이었어요. 이름도 좀 얻게 되고 결혼도 하고 작으나마 집도 장만했지요."

엄혹한 유신 치하였지만 시사만화가로서의 기개까지 버릴 수 없었다. 이런저런 에피소드가 많았지만 1979년 9월 'YH 사건'이 일어났을 때 그도 필화를 겪었다.

"YH 여공들이 신민당사에서 농성을 벌였을 무렵 당시 총재로 당선된 김영삼 씨에 대한 권력의 탄압이 심각했지요. 신민당사에 경찰이 강제 진입해 농성하던 여공을 강제해산하는가 하면 정권의 사주를 받은 일부 신민당원들이 '신민당 총재단의 직무정지 가처분 신청'을 법원에 낸 것을 보고 분개해 '때는 바야흐로 춘구월(春九月)'이라는 만평을 그렸습니다. 그들을 때아닌 구월에 핀 벚꽃, 즉 '사쿠라'로 풍자한 것이지요. '사쿠라'란 게 변절자를 의미하지 않습니까."

그 만평이 유신 정권의 비위를 건드렸다. 당시 국제신문의 사주는 럭키그룹으로, 구자학 씨가 신문사 사장을 맡고 있었는데 중앙정보부가 사장에게 안기태를 자르라고 압력을 넣었던 것. 사내외에서 구명운동이 일어 우여곡절 끝에 회사를 그만두는 대신 네 컷짜리 만화만 그리고 만평을 없애는 선에서 타협(?)이 이루어졌다.

1979년 10·26으로 박정희 유신정권이 무너지고 그 공백을 신군부세력이 밀고 들어왔다. 전국에 계엄령이 선포되면서 언론에도 검열 바람이 몰아쳤다. 그가 근무하던 국제신문도 예외는 아니어서 계엄 당국에 의해 신문기사들이 걸핏하면 난도질당했다. 그의 만화도 수난을 당하기는 마찬가지였다.

"제 만화의 대사도 검열관계자의 칼끝에 많이 긁혀나갔지요. 내용을 수정하라는 압력도 많이 받았습니다. 그때마다 나는 마감 시간이 임박해 고치기 어렵다는 둥 이 핑계, 저 핑계로 그들의 요구를 피해나갔습니다. 때로는 독자들에게 검열당했다는 사실을 알려주려고 만화 대사에 긁힌 철필 자국을 일부러 그대로 두기도 했습니다. 그러니 자연히 밉보일 수밖에요."

1980년 11월 언론사 통폐합과 언론인 해직사태가 일어났다. 당시 해직언론인은 933명에 이르렀는데 그도 포함됐다. 사실은 그가 해직된 것은 그보다 석 달쯤 이른 8월 경이었다. 해직 후 그는 우여곡절 끝에 부산일보로 자리를 옮기게 된다. 인기 시사만화가였던 그를 부산일보사에서도 그동안 내심 탐내고 있었기 때문이다. 부산일보사 측이 정권 측과 교섭한 결과이기도 했다.

"당시 문화공보부 국장이 전화를 걸어왔어요. 앞으로 문제를 일으키지 않겠다는 각서를 쓰면 부산일보사로의 복직을 허용한다는 것이었습니다. 내가 쓰기 싫어서 미적거리니까 당시 부산일보 문화부 기자였던 시인 임수생 씨가 대신 써 줬죠. 당시 부산일보 사장이 취업 보증 각서를 쓰기도 했지요. 사원 하나 취직시키자고 사장이 각서를 쓴 건 처음이라고 했다던가요, 허허. 1981년 3월 부산일보에 출근했는데 새로 그린 네 컷 만화의 제목을 〈어리벙 씨〉로 정했습니다. 글쎄, 이런 엄혹한 세상에서 어리벙하지 않으면 어떻게 살겠느냐 하는 심정이었습니다."

안기태는 그로부터 국제신문으로 되돌아오기까지 9년간을 부산일보에서 근무했다. 엄혹한 5공 시절이었던 만큼 이런저런 제약이 심하지 않을 수 없었다. 그렇다고 그가 침묵만을 지킨 건 아니다. 1988년 그가 당한 테러 사건은 당시 지역 언론계에 큰 파장을 몰고 오기도 했다. 사건의 전말은 이랬다. 김영삼, 김대중 등 당시 재야 정치인들이 이민우를 앞세워 창당한 신한민주당(약칭 신민당)이 1985년 12대 총선에서 돌풍을 일으키며 제1야당으로 올라섰다. 양 김 씨는 이후 대통령 직선제 운동을 대대적으로 벌였는데 신민당 총재였던 이민우가 전두환 정권의 내각제 개헌을 지지하고 나서자 결국 그와 결별하고 통일민주당 창당에 나섰다. 그런데 당시 안기부가 조직폭력배를 동원해 폭력으로 창당 방해 공작을 펼쳤던 것. 이것이 이른바 '용팔이 사건'이다.

당시 안기태는 이 사건을 <어리벙 씨>를 통해 통렬히 비판했다. 그 만화의 내용은 이렇다. 어리벙 씨는 '용팔이 사건의 배후는 누구인가'라는 벽보를 읽는다. 그 벽보에는 화살표가 그려져 있다. 어리벙 씨는 계속 나오는 화살표를 따라 벽을 돌아간다. 마지막 벽보의 내용은 이렇다. '당신이 속으로 짐작하고 있는 바로 그 사람들….' 말하자면 전두환 정권의 공작이라고 당신이 짐작하고 있다면 그렇게 믿어도 된다는 보증이었던 셈이다. 글쎄, 대통령의 권력 남용과 독직에 대한 직설적 비판이 언론매체에서 홍수처럼 쏟아지는 지금에야 그게 대단한 비판처럼 느껴지지 않을 수 있지만 그 엄혹했던 5공 정권 치하에서 통제가 엄격했던 신문만화라면 이야기가 달라진다.

그리고 그 결과가 테러였다. 1988년 10월 14일 밤, 그는 친구들과 술을 마시고 얼근한 상태에서 민락동으로 귀가하던 참이었는데 집 앞 골목길에서 괴한이 휘두른 둔기를 뒤통수에 맞고 쓰러졌다. 갈비뼈도 세 대나 부러져 3개월간 입원해야 했다. 의사는 둔기가 조금만 다른 곳에 맞았으면 생명까지 위험했을 것이라고 혀를 찼다. 당시 부산일보가 이 테러사건을 대대적으로 보도했고 경찰은 수사본부까지 차렸으나 결국 범인은 잡히지 않았다. 그는 지금도 그것이 권력기관에 의해 저질러진 테러사건이라고 확신하고 있다.

어쨌거나 이런저런 곡절 끝에 1987년 6·10 민주항쟁이 일어났고 세상이 달라졌다. 강제 폐간됐던 국제신문도 복간에 나섰다. 부산일보에서 근무하던 옛 국제신문의 동료들이 속속 국제신문으로 귀환했다. 그 역시 고민에 빠졌다. 국제신문이 시사만화가로서의 길을 열어 준 친정이라면, 부산일보는 해직당한 그에게 일자리를 준 은인이었던 것. 그는 부산일보 잔류를 선택해 2년 가까이 더 근무했다. 그랬다가 1990년 9월 1일 뒤늦게 국제신문에 합류한다.

"두 신문 사이에 끼여서 고민하다가 당시 국제신문 이광우 사장의 권유를 받고선, 부산일보에 미안하긴 했지만 친정으로 옮기기로 마음을 굳혔지요. 편집국장으로 있을 때 나를 시사만화가로 데뷔시켜 준 데다 자주 술도 마시며 교분이 두터웠던 이 사장의 간곡한 부탁을 뿌리칠 수 없었던 것이죠. 부산일보 측에서도 아쉬워했지만 결국은 보내주더군요."

그는 통폐합 전 국제신문 연재만화 타이틀인 <피라미 선생>을 다시 가져오고 이후 13년 간 연재했다. 정년 후에도 몇 년간 더 그렸다. <피라미 선생>이 대미를 장식한 것은 2003년 4월 30일 자, 9201번째 연재였다.

하지만 은퇴한 이후에도 그의 만화 역정은 계속되고 있다. 부산예술대 만화예술과에 2015년까지 출강하면서 후학을 가르쳤고 지금도 이런 저런 지방의 일간신문에 연재하고 잡지에도 활발히 기고하고 있다.

이곳저곳 강연도 자주 다닌다. 형편이 어려운 매체엔 무료로 그려주기도 한다. 그는 그것을 '예능 기부'라고 부른다. 카툰 전시회를 열기도 했고, 지금까지 '부산카툰클럽' 회장도 맡고 있다.

시사만화가로서의 감각을 잃지 않기 위해 그는 지금도 열심히 신문을 통독하고 있다. 그의 스승이자 영감의 원천은 여전히 신문 기사인 것. 삶의 현장에서 치열하게 살아가는 서민들에 대한 감각을 잃지 않으려고 지금도 틈나는 대로 시장통을 돌아다니기도 한다. 매일 같이 새로운 유머를 수집해 지인들과의 술자리에서나, 자신의 강연을 듣는 독자들에게 구수하게 풀어 놓는 것도 시사만화가의 필수 덕목인 풍자와 위트를 잃지 않으려는 노력의 하나일 터.

"지금도 10여 개 이상의 신문을 구독합니다. 아침마다 신문을 읽고 필요한 기사를 스크랩할 때가 가장 행복하지요. 신문사에서 물러난 지금 오히려 더욱 창작욕이 불붙고 아이디어가 잘 떠오르는 것 같아요."

요즘 신문만화가 점차 줄어드는 추세다. 서울의 유력 일간지 지면에선 만화나 만평이 사라진 지 오래됐다. 평생 뉴스와 씨름하며 신문만화를 그려온 그로서는 아쉬운 현상일 법 하다.

"글쎄, 신문에서 시사만화가 사라지고 있는 것은 시사만화의 본질인 비판과 풍자 기능을 요즘 언론 사주들이 잘 받아들이지 못하기 때문인 것 같아요. 보수 유력지는 그동안 보수 정권을 엄호하고 진보 세력을 비판하는 논조를 보여 왔던 게 사실이잖아요? 그러니 비판과 풍자를 본령으로 삼는 시사만화가들의 성향이 보수 언론의 논조와 잘 맞지 않지요. 젊은 시사만화가들은 더 그렇고…. 그러니 사주들이 눈에 거슬리는 신문만화를 하나둘 없앤 거지요. 이른바 메이저 신문이 없애니 서울의 다른 신문이나 지방지도 주견 없이 덩달아 없애 버린 거고요. 신문 만화가 하나둘 없어지는 걸 지켜보자면 아쉽고 통탄스럽죠."

앞에서 잠깐 언급한대로 그의 만화의 캐릭터는 힘없고 평범한 소시민이다. 만화 속의 피라미 선생과 어리병 씨는 곧잘 친구들과 술자리에서 술의 힘을 빌려 정권을 비판하고 세태를 푸념한다. 언뜻 무력해 보이지만 만화 속의 피라미 선생과 어리병 씨 는 바로 우리와 똑같은 소시민에, 장삼이사이므로 만화 속의 그들의 말과 생각은 독자의 생각을 대변하는 것이다. 그리고 그것이 안기태 만화의 힘이다. 그래서 40년이란 긴 세월 동안 부산의 독자들은 그의 만화에 카타르시스를 느껴오지 않았겠는가. 그 힘이 그로 하여금 부산을 대표하는 시사만화가로 자리매김해 주었고, 나아가 김용환, 김성환, 안의섭, 정운경 등의 계보로 이어지는 한국 시사만화의 산맥에서 그 역시 당당히 한 봉우리를 차지하도록 만든 원동력이 되었을 터이다.

일흔 고개를 훌쩍 넘은 그는 생의 마지막 순간까지 화필을 놓지 않을 것이다. 그래서 그에게 마지막으로 '만화란 무엇인가'하는 질문을 새삼 던져 보았다.

"나는 만화를 '제9의 예술'이라고 부릅니다. 그만큼 매력이 있는 새로운 예술 장르인 것이죠. 한편의 카툰이 독자들에게 던지는 메시지는 결코 가볍게 볼 것이 아닙니다. 만화도 예술인만큼 작가가 펜을 들고 종이 위에 선 하나, 하나를 직접 그리는 것이 중요하지요. 그게 바로 작가 정신이 아닐까요. 그래서 디지털 시대인 지금도 나는 손 그림을 고집하고 있습니다. 시사만화가를 꿈꾸는 후배들에게 당부하고 싶은 말이 있다면, 풍자와 비판과 함께 위트랄까 만화적 재미를 갖추도록 노력해 달라는 말을 하고 싶군요. 매운 음식도 필요하지만 그 위에 깨소금을 뿌려 고소한 맛을 한편으론 내듯 만화의 장르적 특성을 잘 살려 나갔으면 좋겠습니다."

7. 소설가가 쓴 부산의 웹툰 작가

배길남 | 소설가

생각을 그리다 문화가 되다
부산의 만화

미리 하는 변명

이 글은 부산 웹툰 작가 모두를 아우르는 글이 아니며 전문적 지식 따위는 전혀 존재하지 않는 만화를 좋아하는 일개 소설가의 좁은 시야로 쓰인 글임을 미리 알려드립니다.

매일 여유 없고 정신없이 바쁘다고 하면서도 술자리에 갈 시간만큼은 있는 소설가에게 전화 한 통이 걸려왔다.

"부산문화재단입니다. 배길남 작가님이시죠?"

흐미…, 왜 재단에서…?

어쩌다 국가공인 블랙리스트인 나로서는 무척이나 긴장되고 염통이 쫄깃해진 순간이었다. 그래서 일단, 무조건, 뭔 말씀을 하든 거절하기로 마음먹었다.

"아, 죄송합니다. 제가 요즘 여유 없고 정신없이 바빠서…."

"아, 잠깐만요. 다른 선생님께서 작가님을 추천해서 전화 드렸는데 부탁드리겠습니다."

추, 추천…! 자그마치 추천이란 것인가? 갑자기 얼굴이 발그레 상기되며 엔돌핀이 샘솟기 시작한다. 이미 경계는 허물어져 버린 지 오래. 뭐가 뭔지 모르는 황홀경에 빠져 한참 동안 '눼에, 눼에' 와 '알겠습니다' 만 반복하던 필자가 정신을 차린 것은 이 한마디 때문이었다.

"네, 호호, 그럼 잘됐네요. 책 내용은 부산의 만화란 주제로 진행되고, 작가님은 부산의 웹툰 작가 부분을 맡아 써주시면 됩니다."

어라, 이게 뭐지? 웬 만화? 그것도 부산의 웹툰?

내 비록 만화를 사랑한 지 40여 년이 흘렀으나 볼 줄만 알았지, 그 외의 어떤 짓도 해본 적 없거늘…, 게다가 부산의 웹툰이라니? 내가 전문가도 아닌 터에 지금 어느 안전이라고!

"아니, 거…, 제가 웹툰을 좋아가긴 하는데, 그거 저, 전체를 다 알지도 못하고…"

"뭐 웹툰 작가 전체를 망라할 필요는 없구요. 관심 있는 작가 한두 분만이라도 재밌게 잘 다뤄주시면 됩니다."

부담 백배에서 한 두 명이란 말에 조삼모사 원숭이 새끼가 된 것이 문제였다.

"아아, 그렇군요. 한두 명! 하하, 그러니까 전체가 아니라 한두…."

"그럼, 잘 부탁드립니다!"

"어, 어라? 엽떼여? 여, 엽떼여?"

그러나 전화는 끊긴 지 오래. 오호라 통재라, 뭔 자신으로 이 청탁을 덜컥 받았느뇨?

머리를 쥐어뜯으며 괴로워하던 중 전설의 웹툰 한 컷이 뇌 주름을 스치고 지나갔다.

"에라이 모르겠다! 황ㅎ하황하ㅏ황 "

문득 마음이 가라앉으며 심리적 안정이 찾아온다.

맨날 보는 웹툰, 내가 잘 아는 반치만 쓰면 된다 아니가? 아침에 출근해가 속도 갑갑한 판에 웹툰이나 함 보까…, 뭐 그런 느낌으로 쓰면 안 되겠나?

그래, 그래야 남자다.

그러고 보니 차츰 몇몇 작품들과 작가들이 생각난다.

아, 그래 가스파드가 부산작가지, 부산배경 하면 『DEEP』이 있지 않았나, 그러고 보니 소주 광고에 나오는 『윌 유 메리미』도… 아앗, 커피 묵는 햄이 나오는 『하마툰』도 있군… 또, 또 아앗…, 앗!

가스파드 - 『선천적 얼간이들』

일상 개그툰의 스페셜리스트

동물 얼굴 뒤로 숨은 우리들의 또 다른 모습

말하지 않아도 아시는 분은 아시겠지만, 위에서 갑자기 뇌 주름을 스치고 지나갔던 웹툰 컷은 가스파드 작가의 『선천적 얼간이들』의 한 장면이다.

이제 '일상 개그툰' 계에서 전설로 자리한 『선천적 얼간이들』(이후 줄여서 '선얼')은 2012년 6월 네이버 웹툰에 정식 연재되며 혜성같이 등장했다. 이후 단 3회 만에 "이 만화는 3화부터 급성장함"(2화 베댓에

적혀있음)이란 찬사를 들을 정도로 쓸데없는 고퀄리티를 자랑하며 "작가가 약 빨고 그린다"는 '약빨툰' 계에도 소리소문 없이 착실하게 진입한다. 이후 조석의 『마음의 소리』와 김양수의 『생활의 참견』 등 일상 개그툰 계의 공룡들과 어깨를 나란히 하며 강렬한 기세로 그 아성을 쌓기 시작한다.

가스파드(전용식) 작가는 현재 70편으로 시즌1을 마쳤는데 친구들의 일상과 살아온 길들을 낱낱이 까발렸지만 자신만은 좋게 그린 작품이란 비판(?)에 시달리고 있다. 현재 네이버 웹툰에 『전자오락수호대』라는 작품을 연재하고 있으며, 얼마 전 무한도전 웹툰 편에도 출연하는 등 활발한 활동을 전개하고 있기도 하다.

부산 출신인 작가는 『선·얼』에서 친구들과의 일상을 소개하며 자연스레 부산의 풍경을 담는데, 가끔씩 등장하는 부산의 개성 넘치는 공간은 작가와 스페셜리스트 친구들이 실제 겪었던 에피소드와 충돌하며 기묘한 시너지 효과를 발휘한다. 소위 말하는 대작들이 탄생하기 시작했던 것이다.

필자 또한 『선·얼』을 처음 접하게 된 것이 저 '소문난 대작'을 만나면서였다. 많은 대작 중에서 필자가 접했던 그 작품은 바로『선·얼』 EP. 38_스타디움 나잇 라이브 편.

부산에 살았다는 이유로 한 많은 롯데 자이언츠 팬이 돼버린 필자가 야구 기사를 검색하다 우연히 만나게 된 에피소드였다. 배경이 됐던 2007년이나 지금이나 여전히 가을야구를 못해먹는 꿋대 자이언츠의 성향을 서슬 퍼런 칼날로 들춰낸 날카로운 풍자(『선·얼』 70회 문구 인용)가 빛나는 작품이다.

순위가 모두 결정된 시즌 끝물의 잔여 경기에서 오직 TV 카메라에 찍히기 위한 일념으로 사직구장 외야에서 열정적 응원을 펼친다는 내용의 이 에피소드는 내용이 진행되면 될수록 쓸데없이 높아지는 고퀄리티와 열정의 버라이어티 쇼인『선·얼』의 성격을 아주 잘 보여준다고 할 수 있다.

에피소드는 방송에 나가면서 뜻을 이루는 것으로 절대 끝나지 않는다. "우째도 가을에 야구하네"라는 위로인지 조롱인지 알 수 없는 플래카드 문구는 결국 야구 중계 아나운서의 마지막 멘트에까지 오르며 그 절정을 맞는다.

부연해서 실사 합성의 마지막 장면과 실제 야구 중계 동영상은 지금도 각종 블로그나 사이트에 게재되어 성지순례의 코스가 돼가는 중이니 참고하시길….

38편 하나만 봐도 알 수 있듯이 『선·얼』은 부산을 배경으로 삼으면서도 뭔가 좀 더 밀착된 부산의 성향과 모습들을 보여준다. 심지어 초등학교가 아닌 국민학교를 나온 작가의 연식에 힘입어 정겨운 느낌이 드는 때도 있다는 점….

예를 들면 폐쇄하기 직전의 성지곡 수원지 동물원이나 초읍 어린이

대공원라든지, 탕수육을 산을 쌓아놓고는 주인이 쿠구구~ 등장하는 동래 태백관 등이 그러하다. 동래 태백관 에피소드는 직접 가서 탕수육 산더미에 맞아보고 싶은 충동이 들 정도이다. (필자도 가 봤는데 진짜 배 터짐, 성지순례자들이 계속 줄을 잇는다는 소문이다)

『선·얼』의 주인공 친구들은 하나같이 쓸모없는 부분에 엄청난 재능을 가진다. 이는 『선·얼』의 중요 포인트인 쓸데없는 디테일과 동일한 선상에서 이해할 수 있는데, 무한 경쟁만을 추구하는 현 세태에서 한발 뒤로 물러난 엉뚱한 치열함은 『선·얼』이 가지는 가장 큰 미덕이라 할 수 있다. 저 치열함 덕분에 우리는 웃을 수 있었고 가스파드 작가의 『선천적 얼간이들』은 전설로 남을 수 있었다.

"능력 없으면 부모를 원망해, 돈도 실력이야."라고 외치는 마녀(馬女)가 설쳐대는 이 나라에서 거북이, 닭, 개, 팬더, 펠리컨, 산갈치 등등의 친구들은 사실 금수저도 상속자도 아닌 얼간이에 가까운 우리들의 모습이 아니었을까…?

김태헌 - 『DEEP』

'광안리 주민입니다. 웹툰 (DEEP) 보고 여름휴가 오시면 돼요. 이 만화는 그냥 광안리 가이드입니다'

위 소제목은 웹툰 『DEEP』에 실제 달렸던 베댓으로 이 웹툰의 성격을 그대로 보여준다고 할 수 있다.

필자의 경우 아는 배경이 너무 많아서 보는 내내 흐뭇했던 작품이기도 하다. 이 작품은 광안리 해수욕장에서 시작하는데 작품 속 뉴스 화면에서 저 멀리 보이는 삼익비치 아파트를 배경으로 실제 부산 MBC 기자인 윤파란 기자를 외쳐대는데 어찌나 리얼하던지…, 시작부터 공감을 불러일으키기 충분했다.

그뿐인가? 광안리 부근, 금련산역 부근, 수영로터리, 마린시티, 부산대교, 일광해수욕장 등등의 배경은 부산의 모습을 한껏 담아내고 있다.

또 수영로터리 엄마손 식당, 금련산 역 맥도날드, 광안맨션 등 가게나 건물 이름조차 실제와 같고 거리나 건물의 문 모양까지 똑같이 재현해 냈다. 말 그대로 웹툰 속 주인공들은 부산 속에서 움직이고 있는 것이다.

작가의 인터뷰(부산일보 2015년 6월 26일)를 보면 여기에 대해 이렇게 설명하고 있다.

"우선 스토리가 말이 안 되잖아요. 판타지죠. 현실성을 부여하지 않으면 독자들이 몰입할 수 없을 거라 판단했어요."

작가는 먼저 주인공 우진의 동선을 짜고, 동선을 따라 움직이며 사진을 찍은 뒤, 만화로 옮겼다고 한다. 일주일에 한 회를 완성하는데, 이 중 하루는 온전히 사진을 찍는 데만 썼다니 그 노력이 여간 공을 들인 것이 아님을 알 수 있다.

"흉내를 낸 건지 진짜인지 독자들은 다 알아요. 정말로 사람들이 발을 딛고 살아가는 곳은 그곳만의 분위기가 있거든요"

작가의 이 말을 읽으며 필자는 작품의 마지막 부분이 오버랩 됐다. 금련산 역 맥도날드가 있는 횡단보도는 죽은 자들이 폭주하며 아수라장이 된다. 여기서는 하다못해 맥도날드 배달용 오토바이마저 세세히 묘사되어 작품 속 사건묘사에 기여한다. 이 장면은 아무리 판타지라도 공을 들이면 소름 끼치도록 현실감이 들 수 있다는 사실을 다시 한번 각인시키는 명장면이라 할 수 있다.

이 작품은 오래전 죽은 사람들이 바다에서 돌아오면서 벌어지는 사건을 담고 있다. 원제는 '사해-죽은 자들이 돌아오는 바다' 였으나 세월호 사고가 있은 뒤 제목을 수정할 수밖에 없었다고 한다. 연재 뒤에도 세월호 사고를 소재로 쓴 것이 아니냐는 등의 비판이 있었으나 훨씬 전부터 기획한 작품이라고 한다. 하지만 워낙 여파가 커서 제목 외에도 해경 관련 내용이나 바다에서 일어난 에피소드를 대폭 줄여야 했다고 한다. 그래서 『DEEP』은 실종 자체가 아니라 사랑하는 이를 잃은 후 삶이 폐허가 된 실종자 가족을 주로 그렸다.

덕분에 처음 시작했던 엄청난 스토리들이 마무리에서 서둘러 봉합되는 듯한 인상이 슬쩍 풍기는 것도 사실이다. 하지만 용두사미로 폄하하기엔 작품의 퀄리티가 너무나 뛰어나다.

부산에 대한 완성도 높은 묘사는 이 작품의 가장 큰 미덕이다. 덕분에 작품 속 배경은 또 하나의 주인공이 되어 살아 꿈틀거린다. 그 꿈틀거림의 균열은 살아 돌아온 시체들에 개연성을 부여하고 주인공들이 자신도 모르게 사건의 중심으로 빨려들어 가게 한다는 설정이 너무도 매력적이다.

실제 실사 영화로 제작하려 프로젝트가 진행 중에 있으며 네이버가 북미와 중국시장을 겨냥해 만든 '라인웹툰' 플랫폼을 통해 다시 유통하고 있다고도 한다.

너무도 모자란…

이 글의 마무리를 짓는 순간에도 송구한 마음이 든다.

한정된 지면과 지식으로 부산의 웹툰 작가와 부산을 다룬 웹툰을 제대로 소개할 수도 없을뿐더러 필자의 부족함으로 빠트린 좋은 작가와 작품이 부지기수일 것이기 때문이다.

그래서 내린 결론은 필자가 완결까지 봤던 두 작품이라도 자세히 다루고, 글의 서문에는 여러 웹툰의 대사나 말투라도 넣고 소개하자는 것이었다.

물론 모든 게 생각대로 되지 않은 반 토막 글이 되어 버렸다. 한 가지 다행인 것이 있다면 이번 기회에 부산을 사랑하는 작가들의 작품들을 많이 만날 수 있었다는 점이다.

영화로 만들어진다는 남정훈 작가의 시간여행기 『I』, 막컷 햄의 조언을 놓칠 수 없는 최인수 작가의 『아머라카노』, 부산녀 서울남의 연애기 마인드C 작가의 『윌유메리미』 등의 작품이 부산을 배경으로 하거나 부산 작가의 웹툰으로 알려져 있다. 또 웹툰 스토리 작가 민(오영석)의 『통』, 『독고』 등의 작품은 폭발적 인기를 얻고 있는 것으로 알고 있다.

이외에도 많은 노력을 하고 있는 많은 작가와 작품이 있을 것이다. 하지만 한정된 지면과 필자의 무지로 인해 모두 다루지 못하는 점 다시 한번 사과드린다.

언젠가 다시 기회가 있다면 더 많은 준비와 지면으로 부산의 웹툰을 정리할 수 있었으면 한다. 정 안되면 그런 분을 추천해 드리기로…….

부산문화재단 사람 .기술. 문화총서 3

생각을 그리다 문화가 되다 **부산의 만화**

초판 1쇄 발행 2016년 12월 23일

기획 부산문화재단 기획홍보팀

발행인 부산문화재단 대표이사 유종목

발행처 부산문화재단

48543 부산광역시 남구 우암로 84-1 (감만동)

T. 051-744-7707 F. 051-744-7708 www.bscf.or.kr

글쓴이 강동수, 김대갑, 김참, 동길산, 배길남, 배민기, 안기태, 윤기헌, 정규하

편집위원 강동수, 김대갑, 동길산, 쁘리야김, 홍동식

책임편집 조정윤, 구선미

제작총괄 도서출판 호밀밭

48267 부산광역시 수영구 수영로 668 화목오피스텔 808호

T. 070-8692-9561 F. 0505-510-4675 www.homilbooks.com

Published in Korea by homilbat Publishing Co, Busan. Registration No. 338-2008-6.

First press export edition December, 2016. Author BUSAN CULTURAL FOUNDATION

ISBN 978-89-98937-50-8
ISBN 978-89-98937-28-7 (세트)